エーゲ海一周・40日間の旅程

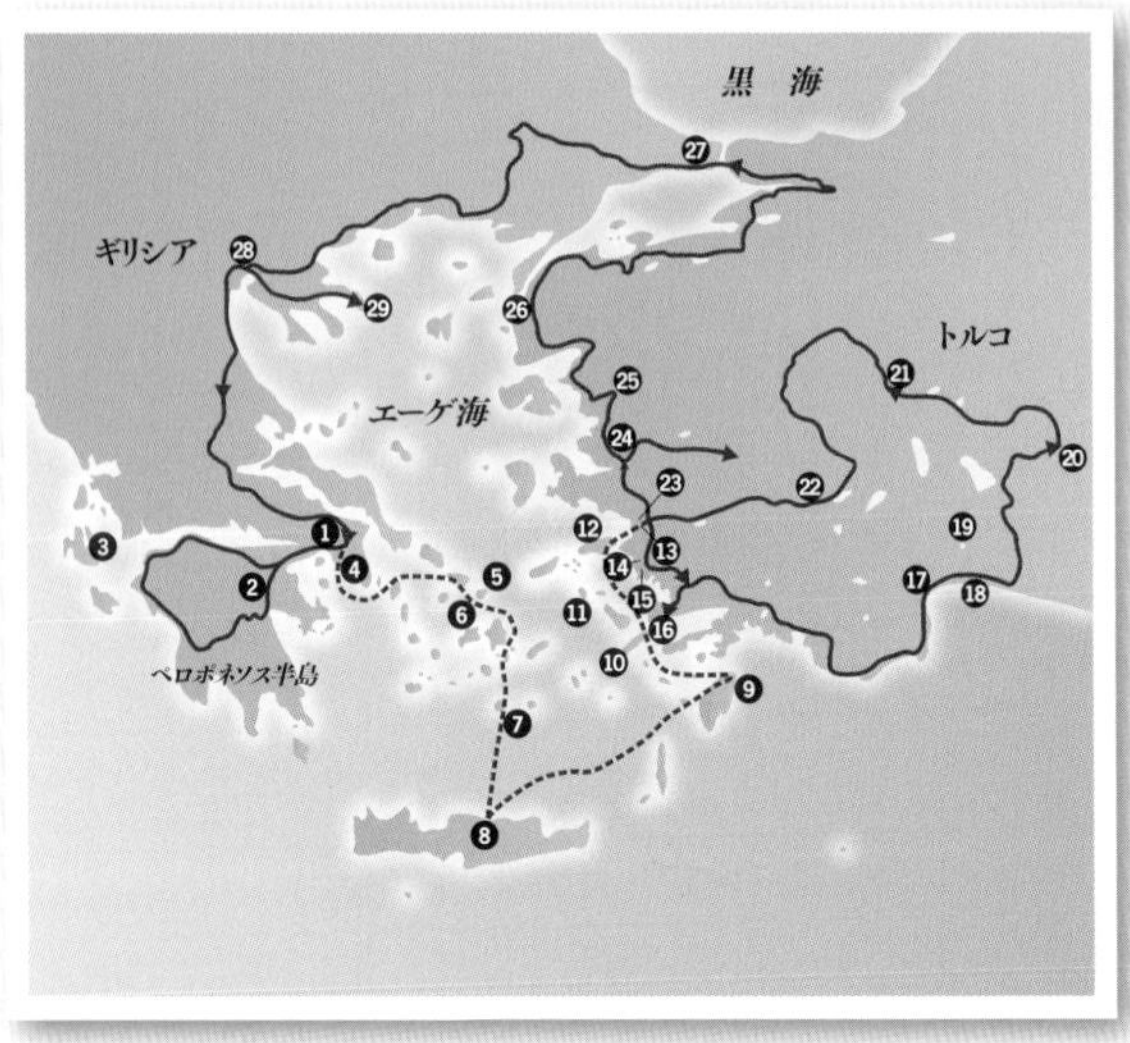

❶アテネ（第1章）
❷コリントス（終章）
❸イタケー島（第1章）
❹ピレウス港（第1章）
❺ミコノス島
❻デロス島（第2章）
❼サントリーニ島（序章）
❽クレタ島・クノッソス（序章）
❾ロードス島・リンドス（第1章、終章）
❿コス島（第3章）
⓫パトモス島（第4章）
⓬サモス島（第1、3章）
⓭クサダシ港（第1章）
⓮ミレトス（終章）
⓯ディディマ（第2章、終章）
⓰ボドルム
⓱アンタルヤ（第3章）
⓲シデ（第1章）
⓳ペルゲ（序章）
⓴コンヤ（序章）
㉑アフィヨン（序章）
㉒ヒエラポリス（序章、第4章）
㉓エフェソス（第3章）
㉔イズミル
㉕ペルガモン（序章、終章）
㉖トロイ（序章、第1、2章）
㉗イスタンブール
㉘テサロニケ（第1、2章）
㉙アトス半島（第1、3、4章）

（章扉と序章の写真のキャプションは287ページ参照）

序章

エーゲ　永遠回帰の海

ローマ帝国二代目の皇帝、ティベリウス帝の時代であった。ギリシアのパクソス島に向かっていた船の船客たちが突然、天の一角から、耳を聾（ろう）する大音声で、

「偉大なるパーンは死せり」

と告げられるのを聞いた。

船客たちはその声に大いに驚き、あわてふためいた。が、それ以上何も聞こえてこなかった。

パーンは初期ギリシア神話では単なる牧神であったが、後に、「全体、全て」を意味する〈pan〉と結びつけられ、宇宙根源として崇拝されるにいたった。

神の中の神、宇宙の根源である全一なる神が死んでしまったというのである。

人々があわてふためいたのも無理はない。

偉大なパーンが死んでしまったというウワサは、人の口から口へ広がっていった。

それはローマ帝国に大きな精神的動揺を与えることになった。事態を捨てておけなくなったティベリウス帝は、自分自身が不安だったこともあり、ギリシアに調査団を派遣して、ことの真相を調べさせた。

しかし、いくら調べても、船の上で、「偉大なるパーンは死せり」という大音声を船客たちが聞いたということ以上は何もわからなかった。

結局これは、謎の物語として史書に記録されて終わった。

ずっと後になって、これは、異教の神々が支配した時代の終焉と、キリスト教の世界支配の開始を示す転換点を象徴するできごとであると解されるようになった。

キリストがエルサレムにおいて十字架の上で刑死した瞬間にその声が発せられたのだとする史家もいた。たしかにイエスが死んだのはティベリウス帝の時代であったから、その説も故なきことではなかった。

ΘΕΟΡΡΥΤΩ ΑΙΜΑΤΙ ΚΕΝΩΘΕΝΤΙ ΔΕΣΠΟΤΑ ΧΡΙϚΕ

一九八二年夏、須田慎太郎と私は、レンタカーと船に乗りつぎながら、四〇日かけて、エーゲ海を横断し、縦断し、かつ一周した。レンタカーの積算走行距離は八〇〇〇キロに達した。

私たちの目的は、遺跡を見て歩くことだった。

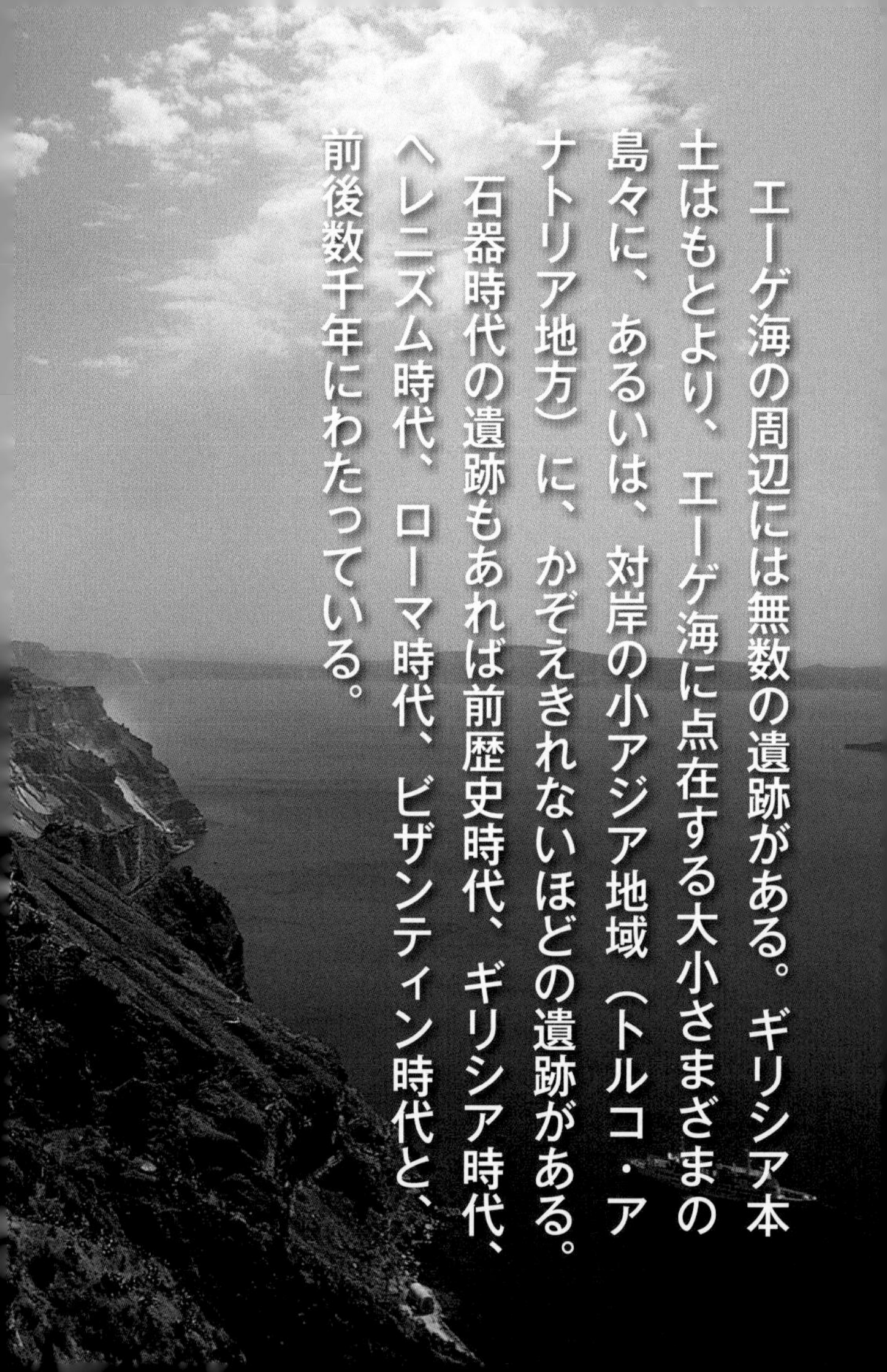

エーゲ海の周辺には無数の遺跡がある。ギリシア本土はもとより、エーゲ海に点在する大小さまざまの島々に、あるいは、対岸の小アジア地域（トルコ・アナトリア地方）に、かぞえきれないほどの遺跡がある。石器時代の遺跡もあれば前歴史時代、ギリシア時代、ヘレニズム時代、ローマ時代、ビザンティン時代と、前後数千年にわたっている。

残されているものもさまざまである。巨大な都市国家がそのまま残されている場合もあるし、一つの神殿、あるいは一つの劇場がポツンと残されている場合もある。

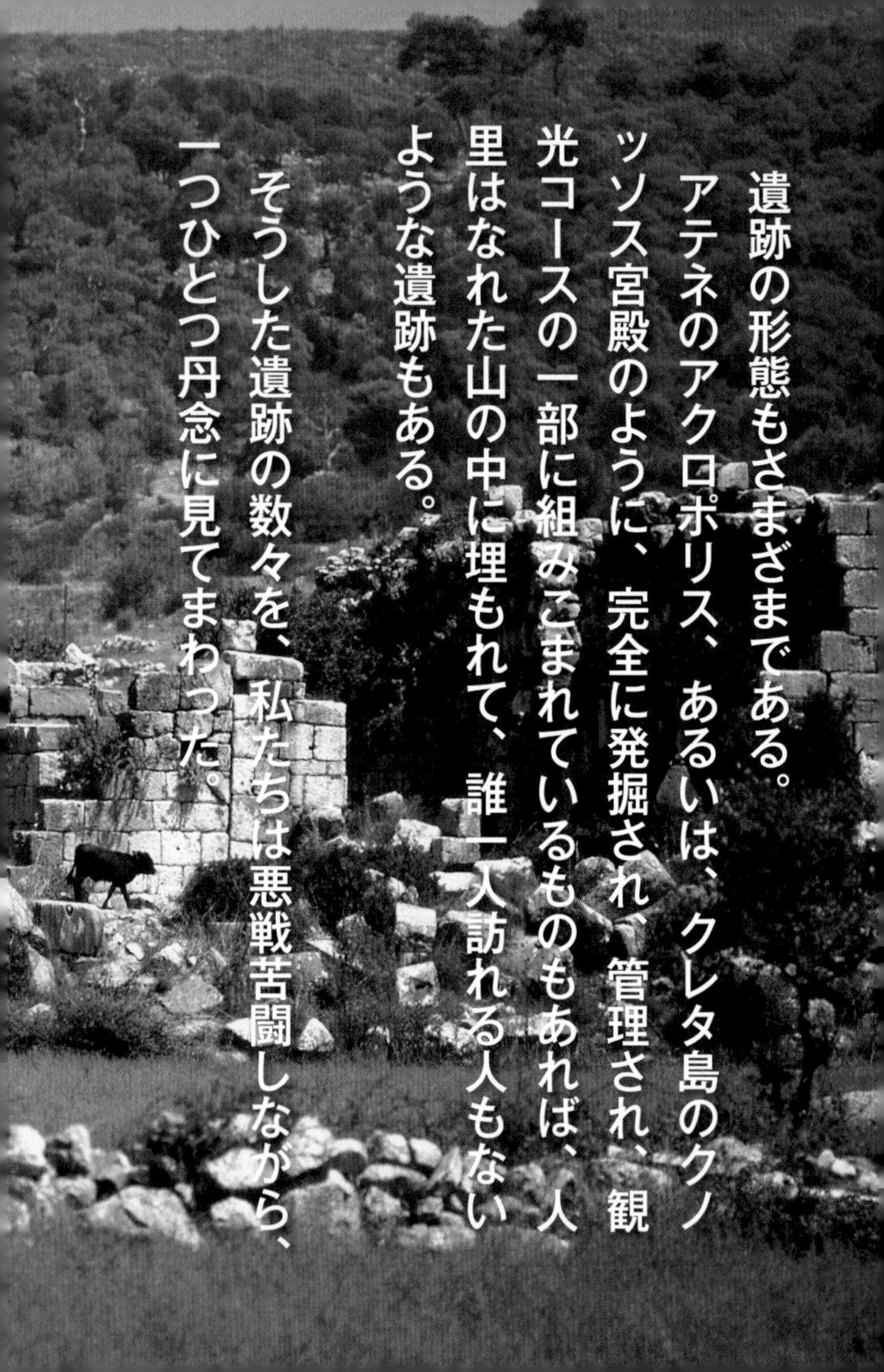

遺跡の形態もさまざまである。

アテネのアクロポリス、あるいは、クレタ島のクノッソス宮殿のように、完全に発掘され、管理され、観光コースの一部に組みこまれているものもあれば、人里はなれた山の中に埋もれて、誰一人訪れる人もないような遺跡もある。

そうした遺跡の数々を、私たちは悪戦苦闘しながら、一つひとつ丹念に見てまわった。

なぜそんなにまでして遺跡を見て歩いたのかと問われると、答えるのは簡単ではない。ほんものの遺跡と自分自身で出会ったことがない人に、その理由を説明するのは、ほとんど不可能に近い。

私自身が、ほんものの遺跡と衝撃的な出会いを果たしたのは、私が三〇歳のときで、イタリア、シチリア島のセリヌンテにおいてだった。そのとき感じたことを、次のように書いた（全文は118ページ）。

「突如（とつじょ）として私は、自分がこれまで歴史というものをどこか根本的なところで思いちがいしていたのにちがいないと思いはじめていた。

知識としての歴史はフェイクである。学校の教壇で教えられた歴史。歴史書の中の歴史。歴史家の説く歴史。記録や資料のなかに遺（のこ）されている歴史。それらはすべてフェイクである。

最も正統な歴史は、記録されざる歴史、語られざる歴史、後世の人が何も知らない歴史なのではあるまいか」

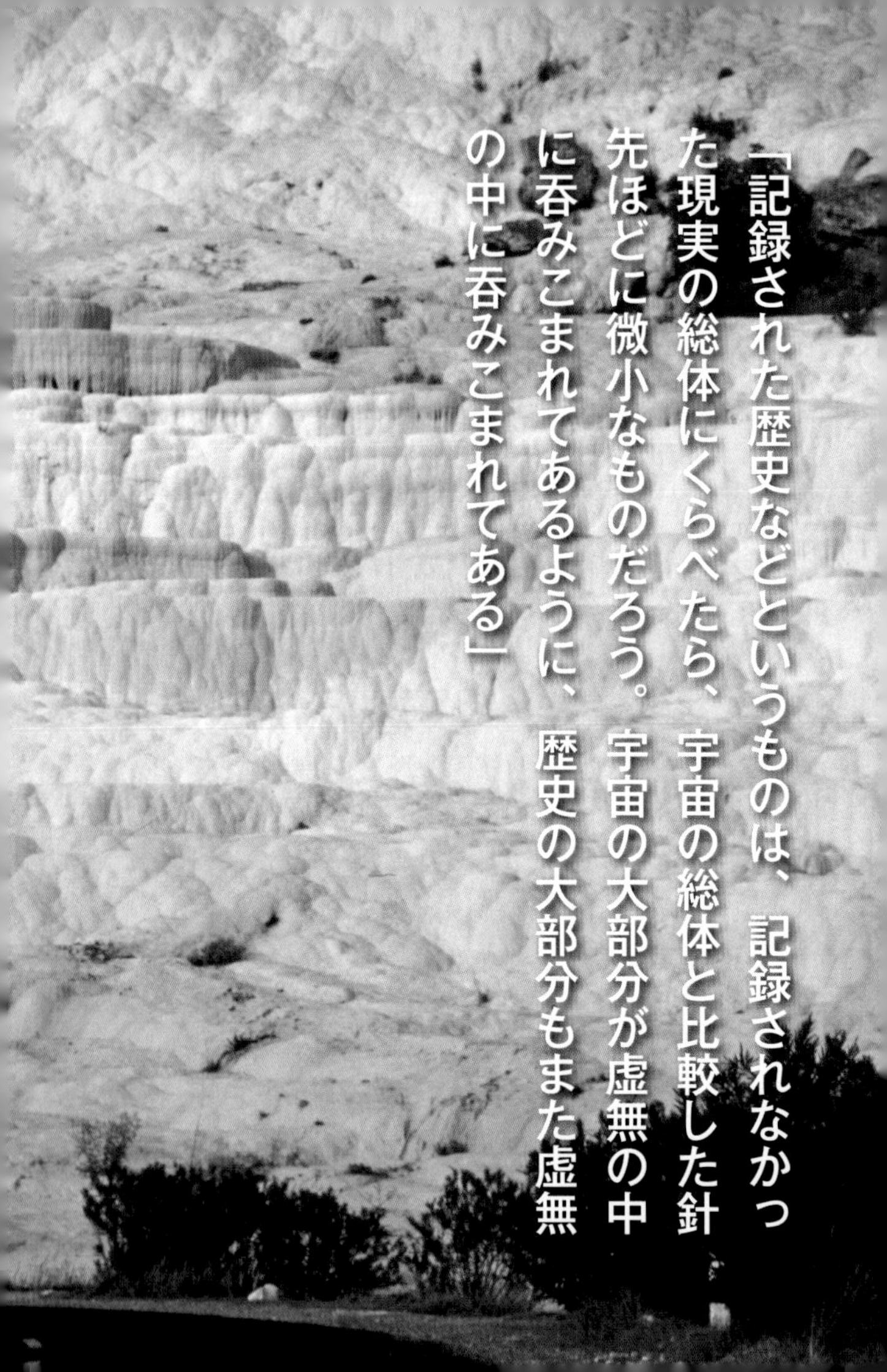

「記録された歴史などというものは、記録されなかった現実の総体にくらべたら、宇宙の総体と比較した針先ほどに微小なものだろう。宇宙の大部分が虚無の中に呑みこまれてあるように、歴史の大部分もまた虚無の中に呑みこまれてある」

もちろん遺跡の中には、アテネのアクロポリスのように、歴史に詳細な記録がのこされているものもある。その場合ですら、遺跡の現場に自分で立ってみると、記録された歴史なるものの矮小さにすぐ気づくはずである。

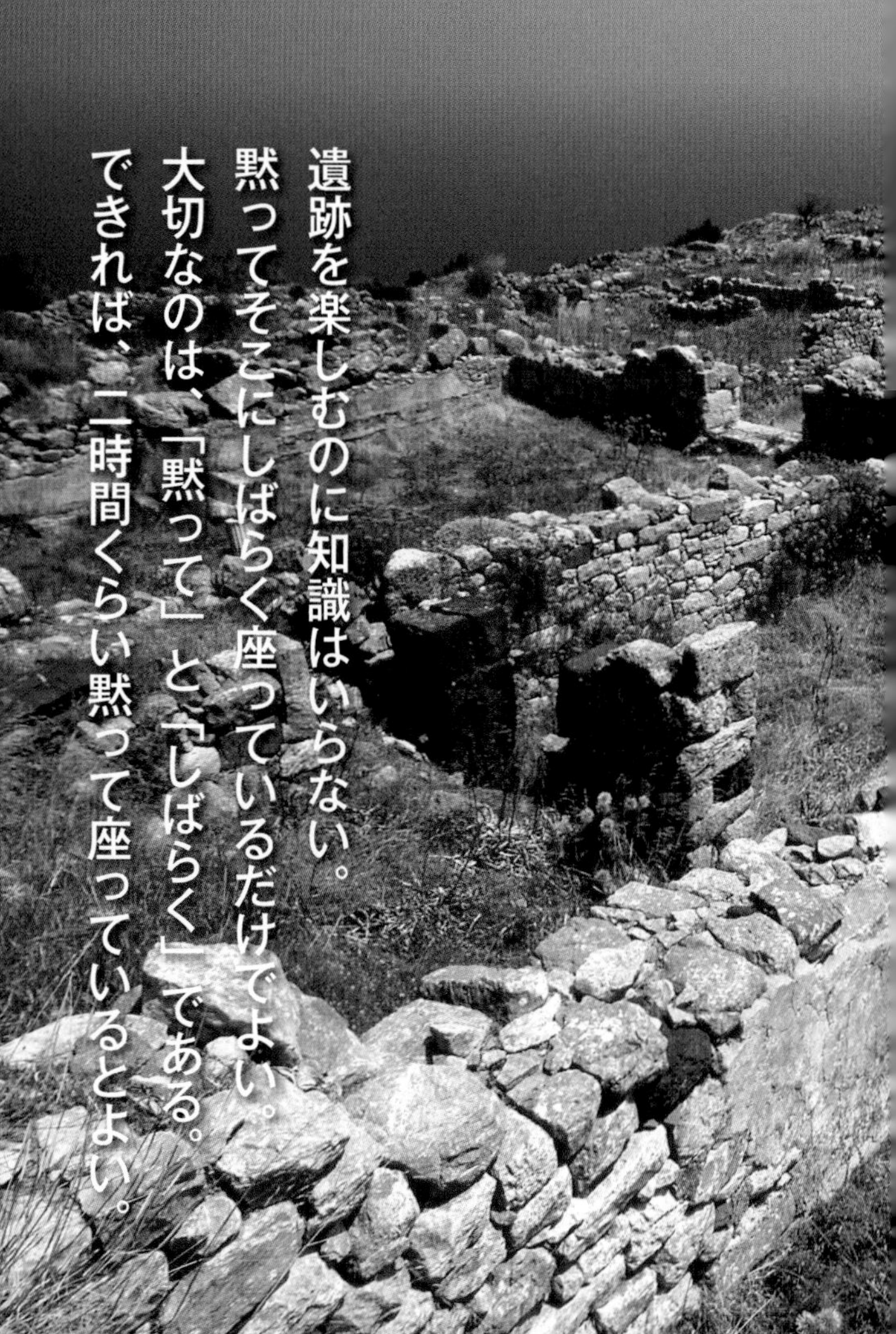
遺跡を楽しむのに知識はいらない。
黙ってそこにしばらく座っているだけでよい。
大切なのは、「黙って」と「しばらく」である。
できれば、二時間くらい黙って座っているとよい。

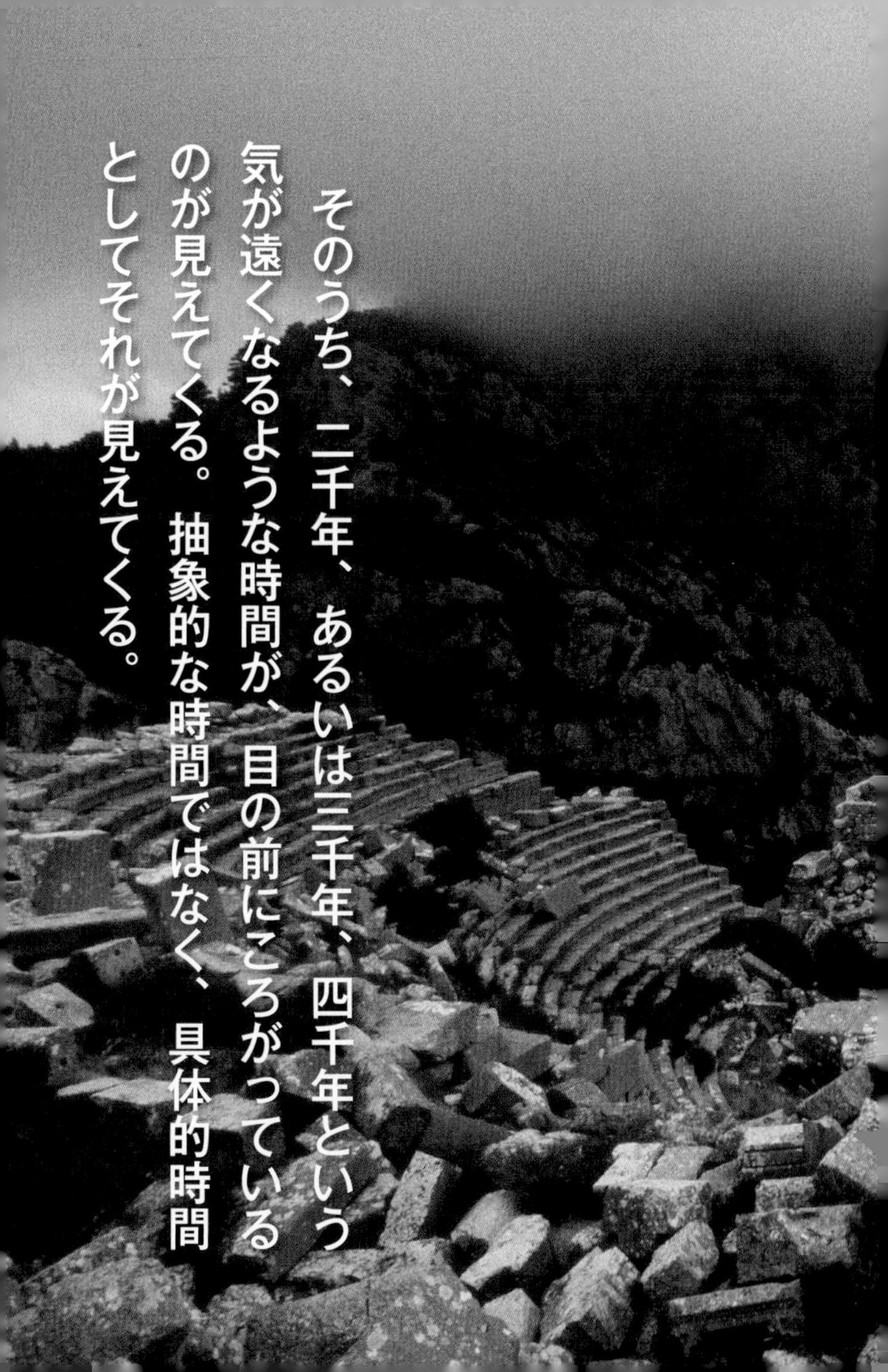

そのうち、二千年、あるいは三千年、四千年という気が遠くなるような時間が、目の前にころがっているのが見えてくる。抽象的な時間ではなく、具体的時間としてそれが見えてくる。

千年単位の時間が見えてくるということが、遺跡と
出会うということなのだ。

遺跡にはさまざまの形態があるが、何といっても多いのは、神殿である。

いつの時代でも人間は、自分たちが最も崇めるもののために最も巨大な建物を作ってきた。

偉大なるパーンの死が告げられてから約三百年間、異教の神々の世界支配がつづいた。ローマ帝国が世界帝国として拡大発展していくにつれて、世界各地の異教の混淆がすすんだ。昔ながらのギリシア、ローマの神々に加え、エジプトの神々、アジアの神々などが、帝国各地で崇拝された。

それに皇帝崇拝が加わり、皇帝たちも神の仲間入りをした。崇拝される神々の数がふえるだけ、より多くの神殿が建てられていった。

その中にあって、キリスト教もまた、東方宗教の一つとしてローマ帝国の中に入ってきた。

しかし、それは他の宗教と混淆しようとせず、自分たちの神が唯一神であると主張し、他のすべての宗教を排撃した。

そのため、キリスト教は危険な宗教とみなされ、弾圧され、信徒は迫害された。パーンの死が告げられてから三百年間、キリスト教は下層民のアングラ宗教として生きのびたにすぎなかった。

状況が変わるのは、四世紀にコンスタンティヌス大帝がキリスト教に改宗してからである。皇帝の改宗によって、迫害する者と迫害される者とが逆転した。排他的な絶対神信仰が帝国公認の宗教となったために、今度は、それまで公認されていた他のあらゆる宗教が迫害されることになった。

すべての異教崇拝が禁止され、異教の神殿は、あるいは破壊され、あるいはキリスト教会に転用された。宗教権力の交代期には、すさまじい破壊活動が起きるのが常なのだ。

現在、遺跡として残っている神殿の多くは、このとき破壊されて遺跡となったものである。むろん、戦災や、地震などの天災によって破壊された神殿も少なくない。しかし、数からいけば、人災による破壊が圧倒的に多いのである。

だが、異教の神々は、神殿が破壊されるとともに死んでしまったのだろうか。

いや、そんなことはない。旧き神々はさまざまに身をやつして、新しい宗教の中に入りこんだのである。

現代のキリスト教を分析していくと、その中にキリスト教以前の異教信仰から伝来した要素をいくらでも発見することができる。

こういうことは、異教からキリスト教への移行に際してのみ起きたことではない。宗教権力が交代するときにはいつでもそれにともなって起きたことである。

たとえばギリシアの神々にしろ、それ以前の各地の古代民族宗教の神々を併呑しながら成立していったものである。アジアの地母信仰がギリシアのアルテミス信仰に変容し、それがさらにキリスト教のマリア信仰に姿を変えていったなど、その典型である。

地中海世界にかぎらず、インドでも、中国でも、日本でも、どこでも事情は同じである。

新しき神が旧き神を殺しつくすということはない。もともと死すべき肉体を持たぬ神々である。神々はしぶとく生きのびる能力を持っている。

殺しても殺しつくすことはできない。旧き神々は死んだと見えても必ず姿を変えて生き残っていくのである。

それに対して、死すべき肉体を持つ人間は、誰であろうといつかは死ななければならない。

死んでからどうなるのか。

魂の不死を説く宗教に対して、ニーチェは、「魂の不死などというものはない。肉体の死とともに魂も死ぬ。それによって、人間の生命は無に帰す。しかし、やがて、すべてが永遠に回帰するのだ」と説いた。

一切は行き、一切は帰る。
一切は死滅し、一切は再び花開く。
一切は破れ、一切は新たにつぎあわされる。

一切は別れ、一切は再び相まみえる。
存在の円環は永遠にみずからに忠実である。

すべての刹那に存在ははじまる。万物は永遠に回帰し、われわれ自身もそれとともに回帰する。

これが、『ツァラトゥストラかく語りき』の中でニーチェが到達した永遠回帰の思想である。

時間は一つの方向に不可避的に流れるものではない。円環をなしているのだという。
時が円環であるならば、はじめもなければ終わりもない。
過去は同時に未来で、未来は同時に過去である。

現在は永遠に過ぎ去りゆく一瞬一瞬ではなく、永遠そのものである。現在はすでに過去にも無限回くり返されたことがあり、未来においても無限回くり返される。

人はまさにこの現在の一瞬において、過ぎ去りてゆく時を生きているのではなく、永遠を生きている。

「見よ、これが永遠なのだ」

とニーチェはいう。

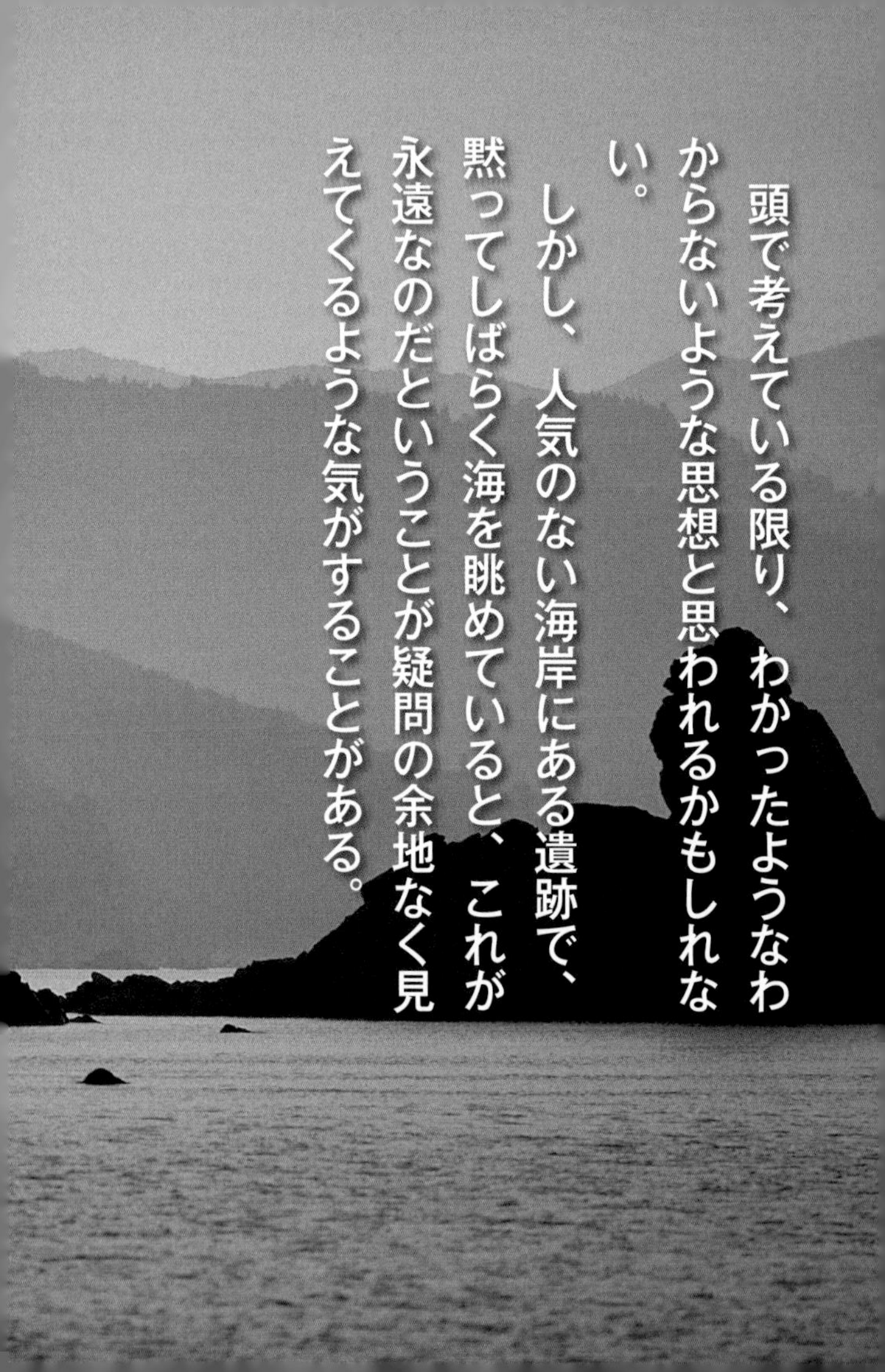

頭で考えている限り、わかったようなわからないような思想と思われるかもしれない。

しかし、人気のない海岸にある遺跡で、黙ってしばらく海を眺めていると、これが永遠なのだということが疑問の余地なく見えてくるような気がすることがある。

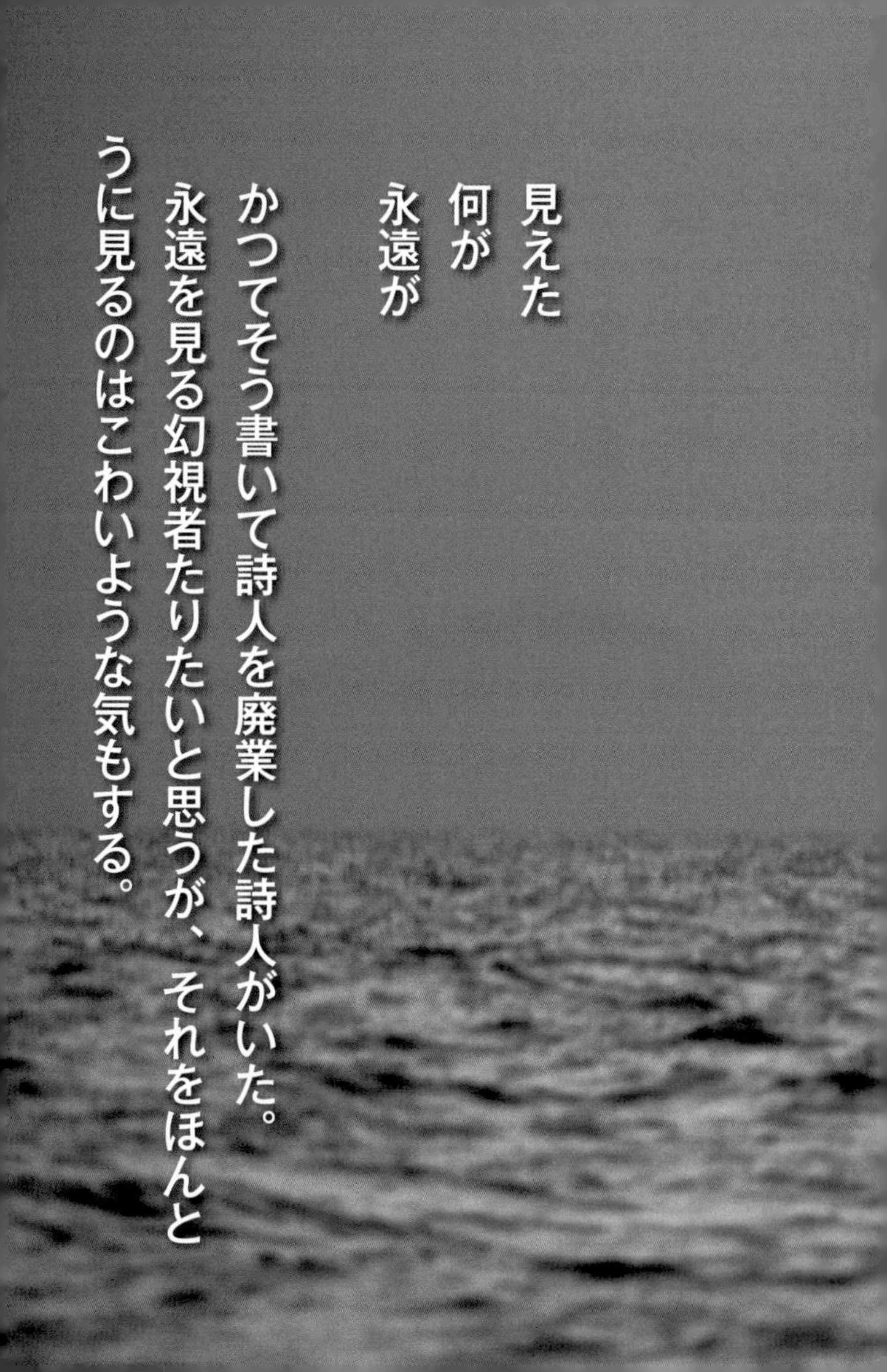

見えた
何が
永遠が

かつてそう書いて詩人を廃業した詩人がいた。永遠を見る幻視者たりたいと思うが、それをほんとうに見るのはこわいような気もする。

はしがき

本書は、私とカメラの須田慎太郎が一九八二年に約四〇日かけて行なったギリシア、トルコの取材旅行をベースにして作られた本である。なぜこの本が取材旅行後すぐにできず、二〇年以上もかかってやっとできたのか、その間の経緯については、「あとがき」に詳しく記した。とりあえず、本文を読みはじめる前に、まず、頭においていただきたいことだけ、ここに簡単に記しておく。

詳しくは本文の中で語られていくが、まず四〇日間の旅の全体像を地図とともに記すと、6ページの図のようになる。きわめて複雑な経路をたどりつつ、エーゲ海をほぼ一周したのである。なぜこのような複雑な経路をたどったかも本文に記してあるが、ここでとりあえず知っておいてもらいたいのは、この旅の当初からの目的が、第一章のタイトル通り「聖山アトスへ」向うことだったということである。聖山アトスとは、ギリシア北部のアトス半島にある修道院共和国のことである。

アトスの修道院共和国とは何であるか、前に『思索紀行』に書いた「神のための音楽」の次のくだりが、いちばん簡にして要を得た説明と思うから、それをここに引用しておく。

「ここは俗に修道院共和国と呼ばれている。この半島には、二〇の修道院があり、その修道院の共同体がこの半島全体を保有し管理している。ここはギリシア政府の国家権力も及ばぬ完全自治区なのである。千年以上も前に、東ローマ帝国の皇帝が勅許状によってこの半島を修道院に与えて以来、ここはギリシア正教の聖地として、歴代の世俗権力がその特別の地位を認めたまま今日にいたっている。

正教を奉ずる各国から修道士たちがやってきて、それぞれに巨大な修道院を作った。ギリシア系以外にロシア系、ブルガリア系、セルビア系などいろいろの修道院がある。いずれも巨大で、一見西洋中世のお城のように見える。かつては、一つひとつの修道院に数百人から数千人の修道士がいたというが、いまはどこも、たかだか数十名である。

千年余にわたって世俗権力が入らなかったため、ここは、ビザンティン時代の宗教文化がそのまま保存された生ける博物館となっている。ビザンティン様式のイコンや壁画がここほど豊かに残っているところは世界のどこにもない。修道院の教会堂は壁も天井も壁画とイコンで埋めつくされている。食堂や集会室など、修道院内部のいろんな部屋もまた壁画でおおわれており、その中には美術史上の傑作にかぞえられるものが少なくない」

以下、本文は、長旅の末、アトスに入るところからはじまる。

アトス半島の修道院

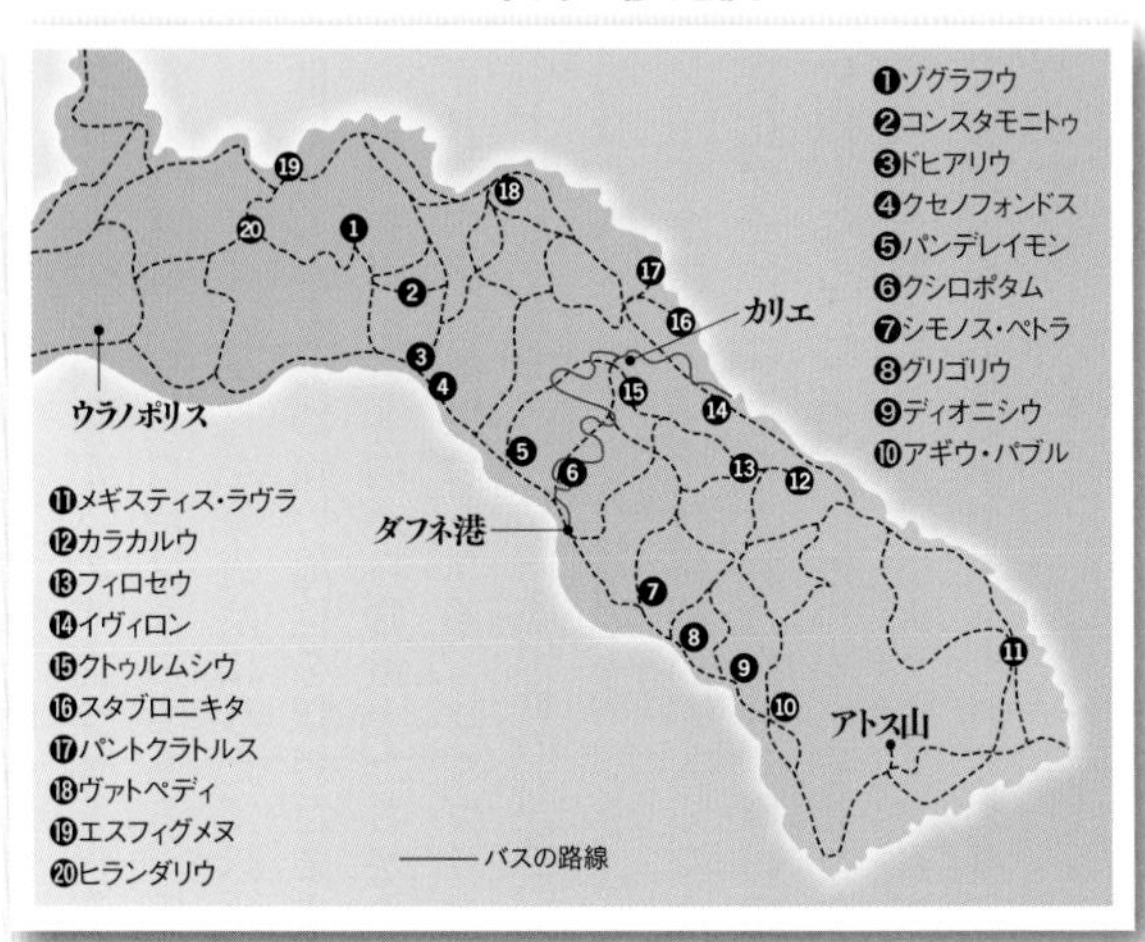

修道院	カリエ	イヴィロン	フィロセウ	カラカルウ	メギスティス・ラヴラ	アギウ・パブル	ディオニシウ	グリゴリウ	シモノス・ペトラ	ダフネ	クシロポタム	パンデレイモン	クセノフォンドス	ドヒアリウ	コンスタモニトゥ	ゾグラフ	ヒランダリウ	エスフィグメヌ	ヴァトペディ	パンドクラトルス	スタブロニキタ	
カリエ		7.5	12.5	17.5	35	25	20	20	17.5	12.5	10	15	15	15	15	17.5	30	25	15	7.5	5	キロメーター
		1.5	2.5	3.5	7	5	4	4	3.5	2.5	2	3	3	3	3	3.5	6	5	3	1.5	1	時間
イヴィロン			5	7.5	27.5	30	25	20	20	20	17.5	22.5	22.5	22.5	22.5	25	35	25	15	7.5	5	キロメーター
			1	1.5	5.5	6	5	4	4	4	3.5	4.5	4.5	4.5	4.5	5	7	5	3	1.5	1	時間
フィロセウ				2.5	20	20	17.5	15	15	15	15	17.5	22.5	25	30	37.5	45	40	30	12.5	10	キロメーター
				0.5	4	4	3.5	3	3	3	3	3.5	4.5	5	6	7.5	9	8	6	2.5	2	時間
カラカルウ					17.5	20	17.5	15	15	17.5	17.5	20	25	27.5	22.5	35	47.5	42.5	32.5	15	12.5	キロメーター
					3.5	4	3.5	3	3	3.5	3.5	4	5	5.5	4.5	7	9.5	8.5	6.5	3	2.5	時間
メギスティス・ラヴラ						35	27.5	32.5	35	35	35	37.5	42.5	45	50	52.5	65	60	50	35	32.5	キロメーター
						7	5.5	6.5	7	7	7	7.5	8.5	9	10	10.5	13	12	10	7	6.5	時間
アギウ・パブル							2.5	7.5	12.5	20	22.5	22.5	27.5	30	35	37.5	47.5	60	50	42.5	10	キロメーター
							0.5	1.5	2.5	4	4.5	4.5	5.5	6	7	7.5	9.5	12	10	8.5	2	時間
ディオニシウ								5	7.5	15	17.5	17.5	22.5	25	30	32.5	42.5	50	45.5	37.5	35	キロメーター
								1	1.5	3	3.5	3.5	4.5	5	6	6.5	8.5	10	9	7.5	7	時間
グリゴリウ									2.5	12.5	15	15	17.5	20	25	27.5	37.5	45	40	32.5	30	キロメーター
									0.5	2.5	3	3	3.5	4	5	5.5	7.5	9	8	6.5	6	時間
シモノス・ペトラ										10	12.5	12.5	15	17.5	22.5	25	30	12.5	37.5	30	27.5	キロメーター
										2	2.5	2.5	3	3.5	4.5	5	6	2.5	7.5	6	5.5	時間
ダフネ											2.5	2.5	7.5	10	15	17.5	27.5	30	27.5	20	17.5	キロメーター
											0.5	0.5	1.5	2	3	3.5	5.5	6	5.5	4	3.5	時間
クシロポタム												2.5	7.5	10	15	17.5	27.5	30	25	17.5	15	キロメーター
												0.5	0.5	2	3	3.5	5.5	6	5	3.5	3	時間
パンデレイモン													5	7.5	12.5	15	25	27.5	22.5	20	20	キロメーター
													1	1.5	2.5	3	5	5.5	4.5	4	4	時間
クセノフォンドス														2.5	7.5	10	20	22.5	17.5	27.5	20	キロメーター
														0.5	1.5	2	4	4.5	3.5	5.5	4	時間
ドヒアリウ															5	7.5	17.5	20	15	17.5	20	キロメーター
															1	1.5	3.5	4	3	3.5	4	時間
コンスタモニトゥ																2.5	12.5	15	10	15	17.5	キロメーター
																0.5	2.5	3	2	3	3.5	時間
ゾグラフ																	10	12.5	10	17.5	20	キロメーター
																	2	2.5	2	3.5	4	時間
ヒランダリウ																		5	15	22.5	25	キロメーター
																		1	3	4.5	5	時間
エスフィグメヌ																			12.5	17.5	20	キロメーター
																			2.5	3.5	4	時間
ヴァトペディ																				10	12.5	キロメーター
																				2	2.5	時間
パンドクラトルス																					5	キロメーター
																					1	時間
スタブロニキタ																						

各修道院への所要時間一覧表

第1章

聖山アトスへ

ウラノポリスのホテルを出たのは、午前六時半ころだった。外はまだ真っ暗である。ホテルの人間は誰も起きていない。叩き起こして勘定をすまさなければならなかった。三百メートルばかり離れた船着場に向かうと、一軒のカフェが店を開けていた。店先の椅子にお客が五、六人。うち半分はギリシア正教の修道僧である。

アトスへ行く船客にちがいない。

アトスへ行く船は、このウラノポリスから一日に二本しか出ない。午前七時の便と、午前十一時の便である。冬場になれば、これが一日一本になってしまう。テサロニケからウラノポリスまで、バスで四時間半もかかる。そのバスが一日に六本しかない。

昨日は、テサロニケ午後二時半発のバスに乗って、夕方七時に着いた。ウラノポリスは、一〇分もあればひとまわりできるような小さな港町である。とりたてて見るべきものも、するべきことも何もない。小さなタベルナ（レストラン）で翌日からの修道院生活にそなえて、たらふく飲み食いをすると、翌朝の早立ちにそなえて早々とベッドに入ってしまった。

しかし、気持が高ぶっているせいか、なかなか寝つけない。

やっとここまでたどりついたかという感慨と、明日はほんとにアトスに入れるのだろうかという不安が脳裏から去らない。

はじめてアトスの存在を知ったのがいつどういうきっかけであったか、確たる記憶はない。しかし、グリゴリウ修道院（98ページ下）であったか、シモノス・ペトラ修道院（95ページ）であったかの写真と簡単な紹介の文章をどこかで読んだとき、すぐさまそこに必ず行こうと決心した。

一枚の写真に触発されて旅に出ることは、珍しいことではない。インドのバラナシを訪ねたのも、トルコのカッパドキアを訪ねたのも、あるいはエジプトのルクソルを訪ねたのも、すべては一枚の写真からはじまっていた。

一枚の写真の持つ情報量はしばしば驚くべきレベルに達する。文字にしたら百万言を費やしても伝えきれないものが、たった一枚の写真から伝わってくるということがよくある。

私の頭の中には、いまでも、あそこには死ぬまでにぜひ行かなければ、と思っている場所がいっぱい詰まったイメージバンクがある。そのほとんどが、写真の記憶が作りだしたイメージの古層だ。

さて、アトスは、ギリシアにあってギリシアではない。

そこは世界で唯一の修道院自治共和国である。

アトス半島には二〇の修道院があり、これが半島全体を分割領有している。

修道院内部のことは、各修道院の完全な自治にまかされている。アトス全体のことは、各修道院の長老格の代表一名が集まる神聖議会で決められる。日常の行政実務は各修道院から一名ずつ派遣された修道士が、一年間の任期制で中央政庁で執務する。

ギリシアは憲法によって、この修道院共同体の完全自治を保障している。ギリシア政府は、アトスの内政には一切干渉できない。アトスにギリシア政府の代表部事務所があるが、そこの係官は、ギリシア政府の内務省からくるのではなく、外務省からきている。

世俗的、形式的にはギリシアの国内でありながら、ここはギリシア人にとっても、一種の外国なのである。治外法権地域といってもいい。ギリシア人なら誰でも自由に入れるというところではない。ギリシア人といえども、アトス当局から独自の入国許可、滞在許可を得た上で、独自の税関検査も受けなければならない。

アトス独特のきまりが沢山ある。

入ることが絶対に禁じられているのが女性。いかなる女性もここに一歩でも足を踏み入れることができない。

動物も雌（めす）の入国は禁じられている。ここにはかなりのロバがいるが、すべて雄（おす）ロバである。一つだけ例外がある。雌ネコである。ネコ好きの修道士が多いため、ネコに

関してはいつのまにか禁忌がゆるんでしまったのだという。

外国人、特に異教徒の外国人には、入国はなかなか面倒である。まず自国の大使館から、この人物はアトスに入国するにふさわしい人物であるという推薦状をもらい、それをもってギリシアの外務省に出頭し、アトス共和国への入国許可状をもらう。

この許可状があれば、アトスへの入国まではできるが、許されるのは入国だけである。次にアトスに入ってから、アトス当局に出頭して、入国滞在許可証をもらわなければならない。アトス当局の入国審査で、何らかの理由ではねつけられたら、ただちに引き返さなければならない。

私たちがアテネでギリシア側の許可状を手に入れたのは、八月六日。今日は九月八日だから、もう一カ月以上もたっている。

もし急げば、アテネからテサロニケに飛行機で飛び、バスに乗りついでその日のうちにウラノポリスに着くこともできたろう。

それなのに、どうして我々が一カ月もかかったのかというと、アテネからテサロニケまで、最大限の遠まわりをしたからである（6ページ地図参照）。アテネからそのまま北上すれば、テサロニケまでたった五〇〇キロである。

ところが我々はアテネから南に下ってペロポネソス半島をひとまわりしてからピレ

ウス港に出た。アテネからピレウス港まではわずか一〇キロだが、我々はわざわざその間に、ペロポネソス半島（ギリシア本土の主要部分）をひとまわりするという無茶苦茶の遠まわりをしたのである。その後も遠まわりに次ぐ遠まわりをしながら旅をつづけたが、あとは簡単に書く。

ピレウスから船を乗りついで、エーゲ海の島から島へ渡り歩き、サモス島からトルコのクサダシ港に渡った。

クサダシから直ちに北上すれば、イスタンブールまで無理すれば一日の行程である。それなのに、我々はここから逆に海岸線をどんどん南下してシデに向かった。そこから内陸部に入ってあちこちさまよい歩きながら、再びエーゲ海沿いの道に戻って北上した。クサダシからイスタンブールまで直行すれば、六〇〇キロの道程なのに、イスタンブールにたどりついたときには一五日間ですでに六〇〇〇キロを走破していた。マイルエイジ・フリーのレンタカーでなければ、とてつもない走行料金をとられていたところだが、二週間契約だったために、これがわずか六〇〇ドルですんだ。

イスタンブールからテサロニケまでは午前一一時に出発して、真夜中に到着するバスに乗った。

座席指定のはずなのに、まちがえて切符を売りすぎたとかで、我々は全行程の半分

あらわしはじめたところ

クセノフォンドス修道院。背後から朝陽を浴びて、城塞のごとき姿を

以上を立っていなければならなかった。こうして昨日の深夜、くたくたになってテサロニケに着いたばかりのところだったのである。

はるばるよくぞここまでたどりついたものだという感慨を持ったのも当然だろう。ここにたどりつくまでに、古代ギリシア世界をほとんどひとまわりしてきたことになる。

オデュッセウスは、トロイ戦争を終えて故郷のイタケーに帰りつくまで、あちこちさまよい歩いたため、一〇年もかかった。

トロイは現在のトルコのエーゲ海沿いの小アジアの北端に近いところにある。イタケーは、ペロポネソス半島のすぐ西側である。両者は直線距離にして、実は、わずか五〇〇キロくらいしか離れていない。それを一〇年かけて帰ったオデュッセウスにくらべれば、我々が船とレンタカーを乗りつぎ乗りつぎたどってきた一カ月は、児戯にも等しい遠まわりといえるかもしれない。だが、たった一カ月の旅とはいえ、そのはじめと終わりとでは、同じエーゲ海に面した同じ国の中だというのに、なんとも対照的な世界にぶつかったものだ。

この先には、女性が一歩たりとも入れない、黒衣の修道僧たちの世界がある。しかし、エーゲ海の南の島々では、世界中の国々からやってきた若い女の子たちが海岸でトップレスの胸を惜しげもなくさらけ出している。

ときに水着で胸を隠している女の子がいると、思わずハッとしてそちらを注目してしまうほど、どの女の子も堂々と乳房を見せている。

そういう女の子たちの乳房が、海岸に何列にもわたってならんでいる有料のデッキチェアの上にころがっているのを見ると、見る楽しみというものが、あっという間に消失していく。

いまそのときの写真を取り出してみると、どうしてあのときもっとゆっくり丹念に見てまわらなかったのかと、いささか残念な気もしてくる。

しかし、あのときはアッという間に女の乳房にウンザリした。そして、海岸で寝ころがって目をつぶり、黙って波の音を聞きながら太陽をいっぱいに浴びている充足感のほうを選んだのだった。女の乳房があまりにもふんだんにあると、これほどつまらないものになってしまうのかと、自分でも不思議だった。

アトスに入国することが一般に難しく、特に女性には全く不可能であるため、アトス半島の周辺を航海してまわる観光船がウラノポリスから出ている。アトスの修道院は海岸からあまり離れていないところに建っているものが多いから、海からなら誰であろうと、入国許可など無関係に、少なくとも修道院の外観だけは眺めることができる。

しかし女性の場合は、観光船の客であろうと、身だしなみを正すことが厳しく要求されている。手足や肩の肌を大きく露出するような服装で船に乗ることはできないのである。それだけを厳しく注意した上で、さらに、観光船は海岸線から大きく離れて走ることが要求されている。

陸から見て、人間が沢山乗った船だということがわかるのはよいが、どんな人間が乗っているのかは皆目わからないくらいの距離をおいて走らなければならないのである。アトス修道院共和国からの要請によって、ギリシア政府は観光船に対してそのような規制が厳重に守られるよう厳しく取り締まっている。万が一にも、修道僧が女性客の肌を見て心を惑わすことがないようにとの配慮からだ。

それだけ女の肉体から厳重に隔離されて生きているアトスの修道僧たちを、トップレスの女の子たちが群をなしているロードス島に連れていったら、いったいどういうことになるだろうか、などとつい不謹慎なことを考えてしまう。

ウラノポリスのカフェには、薄暗い中をあちこちから荷物を持った客たちが、二人、三人とやってきた。

頭陀袋を背負った修道僧がかなりいる。早くからカフェにきて座っていた、白い長いヒゲを生やした老僧が高僧らしい。新しくやってきた修道僧はみな老僧のところに挨拶にやってきては、その手をとって恭しく接吻する。修道僧だけではない。何人か

の民間人も同じようにしている。アトスには、修道僧だけでなく、何人かの平信徒（一般の信徒）も住んでいる。修道院に雇われて働いている人もいれば、アトスに住んで商売をしている人もいる。中央政庁があるカリエは、いちおう三〇〇人の住民がいる町なのだ。そして、別にアトスの住人でなくとも、敬虔な信徒なら、僧の手に接吻するのが、ギリシア正教の風習である。

ギリシア正教では、僧の手だけでなく、聖なるものにはすべて接吻する風習がある。正教の教会には必ず何枚かのイコン（イエスや聖母マリアを描いた聖画像）がかかげられているが、これに信徒たちは一人一人接吻していく。イコンは無数の接吻に耐えられるように、接吻を受ける場所を銀の板でおおっているものが多い。礼拝の過程で僧の持つ銀の十字架に接吻するというプロセスもあるし、あちこちに聖者の遺した聖遺物があって、それに一人ひとり接吻したりする風習もある。

途中で寄ってきたパトモス島には、聖書の黙示録を書いた聖ヨハネが住んでいたと伝えられる岩窟がある（214ページ）。そこには、ヨハネが休むときにいつも頭をもたせかけていた岩のくぼみとか、起き上がるときにいつも手をかけた岩のくぼみなどと伝えられる場所がある。そういう岩のくぼみが銀の板でまるく縁どりされている。そこに信徒が一人ひとり接吻していくのである。聖なるものへの接吻というのが、ギリシア正教においては最も欠かせぬ信仰の行為なのだ。

ドストエフスキーの『罪と罰』の最後の場面は、改心して信仰を得た主人公のラスコーリニコフが地にひれ伏して大地に接吻し、神の許しをもとめる場面である。あの場面にかぎらず、ドストエフスキーの作品には、『カラマーゾフの兄弟』の大審問官（だいしんもんかん）のエピソードなど、性的接吻ではない聖的接吻が実に効果的に使われている場面が多い。

ギリシア正教の世界に入っていくと、ドストエフスキーの世界がより深く見えてくる。というよりは、ナマのギリシア正教の世界を知ってみると、これまでドストエフスキーを読みちがえていたのではないかという気がしてくる。

日本でドストエフスキーは最も人気がある作家の一人だというのに、ギリシア正教は日本人に最も知られていない精神世界である。だから、ドストエフスキーはギリシア正教と骨がらみの関係の中でその作品を書いていったのに、日本人はキリスト教ならみんな一緒だろうと、それを西方教会のコンテクストの中で読んでしまうという誤りを犯す人が少なくない。

七時近くなり、夜が明けはじめたところで、乗船が開始された。三、四〇人乗るといっぱいの小さな船である。

タラップのところに、地元の警察官と船長が立っていて、パスポートと許可状をチ

ドヒアリウ修道院の小さな船着き場。穀物の入った袋を待つ痩身黒衣の修道士がじっと立っていた

グリゴリウ修道院

荒涼たる絶壁が続くアトス半島の東端には、外界との一切の絆を断って祈りに明け暮れる修道士たちの庵がある。そのたたずまいから、「鷹の高巣（アエトフォリア）」と呼ばれている

エックし、それと引きかえに乗船させる。許可状なしの人間はここで乗船を許されない。このときも、ルーマニアの青年が一人、そういう手続きが必要だとは知らずにここまできて、わざわざルーマニアから来たのだからなんとか乗せてもらえないかとしきりに懇願していた。船長は頑固に首を横にふりつづけ、置いてけぼりにした。

ウラノポリスを出ると、半島はすぐに、険しい山のつらなりになる。半島の先にいくにつれて山は一層険しくなり、最先端に高だかとそびえるのがアトス山である。標高二〇三三メートル。ギリシアでは指折りの高山に入る。アトス半島の中では、群を抜いて高い。

昔、トロイ戦争のときに、戦争の勝敗など重要ニュースを伝えるのに、狼煙のリレー方式を用いたが、アトス山の山頂がリレーの最重要地点だったというのもなるほどと思われるくらい群を抜いて高い。

荒々しい山肌を見せた急斜面が、海面からほとんど垂直にそそり立っているのが遠く見えてくる。

思わず息を呑んでしまうような峻厳な美しさである。

やがて、最初の修道院が山深く見えてくる。その下に小さな突堤があって、修道士が一人立っているのが見える。船はそこに立ち寄って、修道士を乗せるとともに、食糧が入っているらしい袋を一つ突堤に残していく。

アトス半島全体が山で、細い山道が各修道院に陸路で通じている。しかし、海岸べりの修道院では、山道を徒歩で歩いて行くよりは、海路を船で行ったほうが早いし楽である。アトス共和国では船が足代りの公共交通になっている。どの修道院も突堤を持ち、連絡船がそこを一つ一つまわっていく。どの突堤でも二、三人の人が乗ったり降りたりし、食糧の袋が降ろされてゆく。

幾つかの修道院をめぐっていくうちに、あまりに人気(ひとけ)がないので、なにか異様な気がしてきた。どの修道院も中世のお城のように宏壮(こうそう)に作られている。百年も二百年も前にこんなへんぴな場所にこれほど巨大な建造物をよくも作ることができたものだと感心する。

たとえば、聖パンデレイモン修道院の現在の建物は、十九世紀はじめに作られたものだが、四階建て、五階建てのビルのような建物が、何棟も何棟もつらなっている。ここは別名ロシア修道院ともいい、昔からロシア皇帝の庇護(ひご)を受けて栄えた修道院である。十九世紀末にはここに約一〇〇〇人のロシア人修道士がいた。だから、ここの食堂は、八〇〇人が一度に食事できるというほど、とてつもなく大きな食堂である。

ところがここにいま何人の修道士がいるのかというと、たった三〇人なのである。

スタブロニキタ修道院の巡礼者用ベッドルーム

パンテレイモン修道院。帝政ロシアの庇護のもとに栄えたアトス唯一のロシア正教の修道院

アトス初日の夕食。豆のスープとトマト、パンのみ。しかも巡礼者全員にいきわたらなかった

文明の足、アトス唯一のバス

全員が一緒に食事をしても、食堂の九六パーセントはガラ空きなのだ。

食堂だけではない。修道院のすべての設備が一〇〇〇人の修道士をかかえるようにできているのに、いまではそれを利用する人が三〇人しかいないのだ。一〇〇〇人の住民がいた町から、突然九七〇人がいなくなったようなもので、修道院全体がゴーストタウンの雰囲気をただよわせているのも無理はない。

船が近づくと、遠くから見ると立派に見えた五階建ての建物の何棟かは、内部が焼け落ちた廃屋（はいおく）にすぎないことがわかる。

事情は他の修道院でも似たようなものだ。かつては一〇〇〇人、二〇〇〇人の修道士をかかえた大修道院が珍しくなく、アトス全体には四万人もの修道士がいた。ところがいまは二〇の修道院全体で一〇〇〇人を少し越えるくらいの修道士しかいない。百人以上修道士がいる修道院は二つしかなく、残りの大部分は三〇人から五〇人の規模である。

修道士の数でいうかぎり、アトスは衰退しつつある。

ウラノポリスから二時間かけて、船はダフネの港に入った。港といっても、突堤が一つの小さな港である。港の前に小さな土産物と雑貨を売る店が二軒。食堂が一軒。その隣に郵便局が一つ。それで全部である。

港にはオンボロのバスが一台待っている。日本なら、二〇年以上前に廃車にされていたにちがいないような、ボロボロのバスである。これだけ旧式のボロバスには、インドの田舎にでも行かなければお目にかかれない。

これがアトスにたった一台だけあるバスである。このバスがちょうど半島を横断する形で、ダフネの港と、その反対側にあるイヴィロン修道院の突堤を結ぶ道を、一日に二往復する。中央政庁のあるカリエは、この横断路のほぼ中間の地点にある。この二往復が、半島の唯一の公共交通機関であるバスの運行のすべてである。だいたいバスが通れる道はこれ以外にないし、バスの利用者は、船でついた客以外基本的にはいない。その船が一日二便しかないのだからこれで充分なのである。

この船とバス以外には、半島内の交通機関は何もない。あとは徒歩で歩くしかないのである。バスもボロなら、道もひどいものだった。舗装がないのはもちろん、ろくに整地もされていないから、バスは傾いたり、穴に入ってバウンドしたりしながら、かなりの急坂を登っていく。ときどきバスの屋根を道の周辺の繁茂した植物がこするので、ものすごい音をたてる。

たった一二キロの道のりを走るのに一時間かかったことで、道のひどさとバスのボロさ加減がよくわかるだろう。

中央政庁のあるカリエの町

山道を走りつづけて、急に視界が開けた盆地に出たと思ったら、そこがもうカリエの町だった。町といっても、建物の数はかぞえるほどしかない。ちょっと大きな建物が中央政庁。その前に古い教会堂があり、周辺が広場になっている。広場を取り囲んで、何軒かの土産物と雑貨を売る店がある程度で、あとは何もない。その辺を歩いている住民などほとんど見かけない。住人三〇〇人と聞くものの、ほんとにここに三〇〇人もの人がいるのだろうかと疑問に思った。バスを降りると、外国人乗船客全員のパスポートを抱えた船長がさっさと広場の外れのほうに歩いていく。

何の説明もない。どうせ英語が通じないのだから、説明を求めても無駄である。パスポートも許可証も取られているから、黙ってついていくほかない。

連れていかれたのは広場の端をちょっと入ったところにある古い木造二階建ての建物だった。そこが、ギリシア政府の出先機関なのである。ここにいる警察官がまず外国人滞在許可を出す。次にその許可状を持って中央政庁に行き、アトス当局の滞在許可証を手に入れるという手続きになっている。

それぞれの段階で、入国審査のために何か問いただされたりするのだろうかと緊張していたが、我々は何もきかれることなく、書類審査だけで滞在許可証が発行された。

どうせ言葉が通じないから何を聞いても無駄と思われたのだろう。

ギリシア語のほかに、英独仏三カ国語で書かれた、滞在にあたっての注意書きが渡された。それによると、アトスは単なる好奇心による訪問者を受け入れない。敬虔な聖地巡礼者だけが受け入れられる。すべての行動が聖なるものへの崇敬に満ちていなければならない、とある。

心がまえのほかに、訪問者に対する具体的な禁忌が幾つもあった。たとえば、雌の動物を持ちこむこと。歌を唱ったり、踊ったりすること。水に潜ること。肉食。相手の許可なしに修道士の写真を撮ることなどである。

許可は三泊四日である。その印紙代として六〇〇〇ドラクマ（約二四〇〇〇円）納めなければならなかったが、この中央政庁が出す滞在許可証を持つ者は、どこの修道院を訪ねても受け入れてもらえる。どの修道院も食事や宿泊を頼めば無料でかなえてくれることになっているから、三泊四日の宿泊料と考えれば安いものだ。

ただし、修道院の扉は日の出とともに開き、日没とともに閉じられる。だから、泊まろうと思う修道院に、日没前に着かなければ、食物なしで野宿するほかないということになる。

もう一つの規則は、一つの修道院に二四時間以上滞在してはいけないということである。ここが気に入ったから、もう一泊したいなどということはできない。アトスにいるかぎり、修道院から修道院への巡礼行が強いられるのである。

以上の規則さえ守れば、どこからどこへ行こうと、まったくの自由である。

だがそういわれてみても、とりあえずどうしたらよいのか全くわからない。仕方がないので、テサロニケで買ったガイドブックをまず読むことにした。それを読むと、結局頼りになるのは自分の足しかないらしい。

しかし問題なのは荷物である。我々は長旅の途中なので、二〇キロはある荷物をかかえていた。こんな重い荷物を持って、修道院から修道院へ山道を歩いて移動するなどということは不可能である。

仕方がないので、近くの食堂で荷物を預かってもらうことにした。必要最小限のものだけ取り出して、手さげ袋に詰めこんだ。

82ページに示したのは、アトス半島の地図だが、二〇の修道院はこのように散在している。ガイドブックには、同じページの下に示したような、各修道院の距離と歩くのに要する時間の一覧表がついている。見ればわかるが、修道院間は近いところ同士でも一時間から一時間半かかり、離れたところだと、六時間から七時間かかる。それでどこかの修道院に日没前につかないといけないのだから、おのずから行ける修道院

夕食を用意する修道士。パントクラトルス修道院にて

はかぎられてくる。

カリエの政庁でさまざまの手続きを終えたときはもう昼近くなっていた。その辺に一軒だけあった食堂で食事をして荷物をあずかってもらった。最初の目的地は、一〜二時間で行けるところにするのが無難だろうと思って、一覧表を見ると、選択肢は三つしかない。

とりあえず、七・五キロばかり離れた、北東の海岸にあるパントクラトルス修道院を最初の目的地に選んで歩きだした。パントクラトルスというのは、ギリシア語で、万物を支配する最高神を意味し、ギリシア正教では、しばしば大聖堂の内部のドームの頂点に最高神像として描かれている。パントクラトルス修道院は十四世紀に作られた修道院で、その時代の有名な画家によるパントクラトルス像のフレスコ壁画があるので、そこから修道院の名前が取られたらしい。

九月に入ったとはいえ、ギリシアの太陽はまだ暑い。私たちは、早朝ウラノポリスのホテルを出発するときにとりこんだため、まだ乾いていなかった洗濯物を取りだして、それを干すために、頭の上からかぶって広げながら歩いた。日除(ひよ)けにもなってちょうどよかった。

歩きだして間もなく、何ともいえず気分がゆったりしてきた。つい数日前まで、レンタカーで毎日毎日四〇〇キロも、五〇〇キロも走っていたときがウソのように思い出された。あのころは、毎日それだけ走ってもなお、もっと早く、もっと長時間、もっと遠くへ走ろう、もっと沢山のものを見ようと、あくことない欲望に追われて、いつも気があせっていた。

あのあせりがウソのようだった。

人間の欲望はとめどがない。欲望に追われて走りだすと、自分で自分を止められなくなる。欲望はその本性において暴走するメカニズムを内蔵しているらしい。あらゆる宗教が、ほとんど例外なしに、教義のはじめのほうに、幸福への近道は自己の欲望を制御することにある、と説いているのも、昔から、不幸への最短の道が自己の欲望を制御しきれなくなることにある、と知っているからだろう。

自分の二本足で歩きはじめると、あくことない欲望とつきあうことの愚かしさがすぐにわかってきた。

まあ、のんびり行くのが一番だ、歩いていればそのうち目的地に着くだろう、と黙ってゆっくり歩いた。

「神に最も近い土地」といわれるアトス。その山道は険しい。一歩ふみだすごとに足もとが崩れて歩きにくい

第2章 アポロンとディオニュソス

一九七二年、私は地中海周辺の国々をさまよい歩いていた。見知らぬ町から町へ、乏（とぼ）しい財布の中身を毎日勘定しながら、一日千円ぐらいの予算で貧乏旅行をつづけていた。

最低の宿に泊り、最低の食事で満足すれば、それくらいの予算で十分やっていけた。

旅の目的は、もっぱら古代の遺跡を訪ね歩くことだった。

はじめからそれが目的だったわけではない。旅立ったときは、知らない土地に行ってみたい、より多くの世界を見たいという、ごく単純な、若者なら誰でも持っているにちがいない異国への旅に対するあこがれが動機だった。しかし、旅をしているうちに、旅先で見た幾つかの古代遺跡の美しさに魅せられてしまったのだ。

最初の衝撃的な出会いは、真冬のシチリア島にセリヌンテを訪れたときだったように思う。ここは古名（こめい）をセリヌスといい、カルタゴの手で滅ぼされたギリシア指折りの植民都市だった。歴史的には、さして有名な都市ではない。

私の本当の目的地はシラクサだった。そこでプラトンは、この地を支配する僭主（せんしゅ）ディオニシオス二世の政治顧問になって、自分が『国家篇』で展開した〝哲人政治〟の理想を実現しようとしたのである。しかし、現実と理想の距離はあまりに遠く、プラトンは現実政治をコントロールすることにものの見事に失敗した。そして、失意のうちにその地を去った。

この経験はプラトンのその後の思想の展開に大きな影響を与えた。

シラクサには、その当時の遺跡がかなりよい保存状態で残されていると聞いて、それをこの目で見てみたいと思ったのが、そもそもシチリアを訪れた最初の動機だった。シラクサの周辺には、他にもいい遺跡がかなり残されているらしいと聞いて、ついでにそれも見てこようと思った。

「ついで」の一つがセリヌンテだった。だから、ろくな予備知識も持たずにセリヌンテにやってきたのだ。

予備知識がなかったことがセリヌンテの神殿群との出会いを一層劇的にしたのかもしれない。

セリヌンテには、A、B、C、D、E、F、G、Oとアルファベットを付けて呼ばれている一群の神殿がある。神殿は、普通そこに祭られている神様の名前を冠して、ゼウス神殿とかアポロン神殿とか呼ばれるのが普通だが、ここの神殿については、歴史的記録が不備で、どの神殿にどの神様が祭られていたかよくわからなかった。そのため、単にアルファベットで呼ばれることになったのである。

記録は欠けていても、保存状態はよかった。私はそれまでにそれだけ巨大でそれだけ見事な神殿を見たことがなかった。それが群をなしてあるのだ（8・9ページがC神殿、30・31ページがE神殿）。

シチリア島の端にあり、季節が真冬ということもあって、見物客は私以外にただの一人もいなかった。土地の人も誰一人見かけなかった。

神殿は海岸からほど近いところにならんでいた。海から冷たい風が吹きつけていた。耳元で風が鳴り、下手に逆らっては足を動かすこともできないほど強い風だった。タバコを取り出して火をつけようとしたが、マッチを何本すっても火をつけることができなかった。

寒気にふるえながら、このふるえのいくばくかは、感動のためのふるえにちがいないと思った。

突如（とつじょ）として私は、自分がこれまで歴史というものをどこか根本的なところで思いちがいしていたのにちがいないと思いはじめていた。

知識としての歴史はフェイクである。学校の教壇で教えられた歴史。歴史書の中の歴史。歴史家の説く歴史。記録や資料のなかに遺（のこ）されている歴史。それらはすべてフェイクである。

最も正統な歴史は、記録されざる歴史、語られざる歴史、後世の人が何も知らない

シチリア島のシラクサに残る劇場。前476年にここでアイスキュロスの「ペルシア人」が初演されたという説もある。その後、シラクサはアテネやアレクサンドリアとならぶ演劇の聖地といわれるようになった

歴史なのではあるまいか。

いま自分の目の前にあるこれらの神殿。これだけ見事な神殿が、これだけ立派に保存されているというのに、この神殿がいかなる神殿であったか、誰も知らないのだ。記録された歴史の中には、これらの神殿は存在していない。歴史の中では不存在ではあっても、これらの神殿はそこに立派に物として存在していた。

自分の前に存在している物自体が正しい現実なのか、その存在を抹消してしまった歴史が正しい現実なのか。

むろん疑問の余地はそこにない。

歴史から存在を抹消されたのは神殿だけではない。神殿にまつわる、あるいはこのセリヌスという古代都市にまつわる途方もなく膨大な現実の集積は、それが記録されなかったという理由だけで、歴史の中からかき消えてしまったのだ。

それはこのセリヌスだけに起きたことではない。世界中で起きてきたことであり、今も日に日に起きていることである。今この瞬間に世界で生起している無数の事象のほとんどすべてが、やがては歴史の虚無の中に呑みこまれる運命にある。

記録された歴史などというものは、記録されなかった現実の総体にくらべたら、宇宙の総体と比較した針先ほどに微小なものだろう。宇宙の大部分が虚無の中に呑みこまれてあるように、歴史の大部分もまた虚無の中に呑みこまれてある。
吹きすさぶ寒風（かんぷう）の中、壮麗な、しかし名も知れぬ神殿群の崩れ落ちた列柱の間で、一人寒さをまぎらすために足踏みしながら、私は歴史の大部分が呑みこまれた虚無の深淵（しんえん）をのぞきこんだような気がした。

セリヌンテにはじまり、アグリジェント、ジェラ、シラクサ、カターニア、タオルミーナと、シチリア島をまわりながら、毎日毎日壮大な遺跡を見ていくうちに私は古代世界にすっかり圧倒されていた。

シチリアから、やがて、ギリシア、トルコに足をのばし、私は憑（つ）かれたように古代の遺跡を訪ね歩いた。この地を旅する者は、空間を超えて旅すると同時に時間を超えて旅しなければならない。

クレタ文明（ミノア文明）などは、いまから三千年前にさかのぼる一方、東ローマ帝国の遺跡などには、まだ千年もたっていないものがある。時間差数千年の歴史が隣り合っていたり、あるいは同じところに積み重なっていたりする。

典型的な例が、シュリーマンの発掘したトロイの遺跡である。ここには九層の遺跡が積み重なっていた。一番古いトロイI（第一層）は紀元前三千年のもの、一番新し

巨大な石材が放置されたたまま
のセリヌンテのG神殿（手前）とF
神殿（中程）の向こう側に、修復
が進むE神殿が見える

いトロイⅨ（第九層）はローマ時代のものである。うちトロイⅦＡ（第七層）がホメロスが『イリアス』にうたったトロイ戦争のトロイだと推定されている。しかし、その他の八層のトロイがいかなる都市であったかは、やはり歴史の深淵の中に没している。

あるいは、ギリシアの北部、テサロニケの東にフィリピの遺跡がある。この古代都市は、三つのことで歴史にその名をのこしている。第一に、町の名前それ自体である。この名は、アレクサンドロス大王の父、フィリッポス二世が自分の名前を冠してつけたものである。ここは古代マケドニア王国の中核都市だったのだ。

一般には息子のアレクサンドロス大王の偉業（西側世界を統一し、ペルシア遠征を経て世界帝国を建設）のほうが世に知られているが、歴史家の評価はむしろ父フィリッポス二世のほうが高い。アレクサンドロス大王の偉業の大半は、父フィリッポス二世がなしとげあるいは準備したこと（強大な軍を建設し、西側世界を統一。ペルシア遠征も準備）を引きついだだけで、歴史の構造的転換者（軍事的、政治的、社会的）としては、むしろフィリッポス二世のほうが偉大であったと考えられている。

そしてここはまた、ローマ帝国の覇権を賭けた天下分け目の一戦が戦われた古戦場でもある。ジュリアス・シーザーを暗殺した後、暗殺した側のブルータス、カシアスらは、バルカン半島から小アジア地方にかけての東方を支配し、シーザーの衣鉢（いはつ）を継ぐオクタヴィアヌス、アントニウスらはローマ市を中心とする西方を支配した。両者が帝国の支配権を賭けて激突したのが、ここフィリピにおいてであった。

ブルータス、カシアスはともにこの戦いに敗れて、自刃（じじん）して果てている。勝ったオクタヴィアヌスは、やがて初代のローマ皇帝となる。

シェイクスピアの史劇『ジュリアス・シーザー』では、その決戦の前夜、ブルータスの天幕にシーザーの亡霊が現れたことになっている。

亡霊に、「なに用あってきた」と迫るブルータスに対して、亡霊は「明日、フィリパイにて会わん」と重々しく告げて姿を消す。『ジュリアス・シーザー』の名場面の一つである。

「フィリパイ」とはフィリピを英語読みにしたものである。遺跡の背後の小高い丘に上ると、眼下いっぱいにその古戦場が広がる。いまはただオリーブ畑がどこまでも広がる平和な平野である。

そしてまた、このフィリピの町は、パウロがヨーロッパにはじめてキリスト教を伝えた町として知られている。新約聖書に、「ピリピ人への手紙」という一章がある。これはパウロがフィリピの信者たちにあてて書いた手紙である。「ピリピ」とは、フ

重厚なドーリス式神殿の姿を完璧にとどめるシチリア島・アグリジェントのコンコルディア神殿。紀元前5世紀中頃に、ディオスクロイ神に奉献されたものと推測される。6世紀末の初期キリスト教時代に聖ペテロ・パウロ教会に転用されたため、破壊を免れることができた

イリピの古い発音である。

「使徒行伝」の伝えるところによると、パウロがキリスト教を伝えながら小アジアを北上し、トロアスまでやってきたときに、夢の中でパウロの枕もとに一人のマケドニア人が立った。そして、「マケドニアに渡ってきて、わたしたちを助けて下さい」といった。

パウロは、これを神のお告げと解釈し、ただちに船に乗ってマケドニアに向かった。これがパウロがヨーロッパ大陸に記した最初の一歩といわれる（トロアスまでは小アジアの一部）。

ここにあるトロアスという町は、アレクサンドロス大王が作った町で、正式には、アレクサンドリア・トロアスという。

アレクサンドロスが最も尊敬していたギリシアの英雄は、トロイ戦争で戦死したアキレスだった。そこで彼は、大陸遠征の壮途にのぼるにあたって、かつてトロイがあったと目される土地に祭壇を築いて、アキレスに供犠し、そこに自分とトロイにちなんだアレクサンドリア・トロアスという名の町を作るよう部下に命じたのである。

その当時すでに、トロイ戦争が行なわれた正確な場所はよくわからなくなっていたので、トロアスは、後にシュリーマンが発掘する古代トロイの位置から二〇キロ余も離れた場所に作られてしまった。

もしパウロがトロアスで見た夢に従ってフィリピに渡らなければ、果たしてキリスト教がいま見るような世界で最も栄える世界宗教になっていたかどうかわからない。パウロ以前のキリスト教は、パレスチナから小アジアにかけて散在していたユダヤ人コミュニティに少しずつ広まりはじめたユダヤ教の異端の一分派ともいうべき存在でしかなかったのである。

しかし、ユダヤ教があくまでユダヤ人の間の民族宗教にとどまったのに対し、キリスト教はヨーロッパに渡り、ギリシア文化と結合したことによって（ユダヤ教旧約聖書はヘブライ語だが、新約聖書はギリシア語で書かれた）、世界宗教への道を開いた。つまり、キリスト教にとって、パレスチナの土着宗教から世界宗教への輝かしい第一歩が踏み出されたのは、このフィリピにおいてであったといってよいのである。

だが、その第一歩は、受難の第一歩でもあった。フィリピに入ったパウロは、風紀を紊乱（びんらん）する者との讒訴（ざんそ）を受けて投獄されてしまうのである。

ところがその夜、大地震が起きて、牢獄の戸が全部開き、囚人たちの足枷（あしかせ）がみんな外れてしまった。獄吏（ごくり）はあわてふためく。しかしパウロはその混乱に乗じて逃亡をはかろうとするどころか、獄内の混乱をしずめ、囚人たちの逃亡を防いだ。その行為に

フィリピの遺跡のかなたに、古代ローマの覇権を賭けた決戦が行なわれた古戦場が広がる

テサロニケの西にあるペラの遺跡。この町で、フィリッポス2世が紀元前382年に、アレクサンドロス大王が紀元前356年に誕生した

デルフィの神域にある宝物庫。アテネがマラトンの戦いでペルシア軍に勝利したとき、アポロン神にささげられた宝物を収蔵するために建てられた

驚いた獄吏は、パウロの教えに心を動かされ、キリスト教に入信し、洗礼を受けたという。

フィリピの遺跡には、そのときパウロが入れられた牢獄だという地下牢の跡が残っている。

フィリピという町一つとってみても、そこにそれだけの歴史の重なりがある。そういうことは、こうして遺跡の現場に来てみないと、なかなか気がつかないものだ。日本でいくら本を読んでいる人でも、フィリッポス二世のフィリッポスと、シェイクスピアのフィリパイと、新約聖書のピリピがみなこの一つの町を意味しているなどということはそう簡単にわからないことだろう。歴史においても、現場を踏んでみると意外な発見があるものだ。

フィリピだけではない。このあたりのどの町をとってみても、歴史のひだをかきわけかきわけのぞいていくと、何層にもわかれた歴史の地層のごときものが観察できて興趣（きょうしゅ）がつきない。歴史だけではない。そこに、神話や伝説もまた積層されている。

セリヌンテでは歴史の欠如に衝撃を受けたが、歴史の過剰に驚きを感ずる場所も少なくないのである。

こうして、町から町へ、遺跡から遺跡へ巡り歩き、歴史の地層を一枚また一枚とめくりあげていくうちに、ふと、とび離れた遺跡の間に、歴史を貫く大きな意味的連関を発見することもある。

古代ギリシアで最も重要視された聖域にデルフィのアポロンの神殿がある。アポロンは、音楽、芸術、光（太陽）などの神であったが、同時に予言の神でもあった。アポロンの予言は、このデルフィの神殿にいる巫女（みこ）の口を通した神託（しんたく）として与えられた。

古代人がどれほどアポロンの神託を信じ、それに頼っていたか、現代人には想像を絶するものがある。国家の重要な政治的決断がしばしばデルフィの神託にゆだねられた。戦争をすべきかどうかなどというおうかがいもしばしばたてられた。

たとえば、前六世紀、小アジアで最も権勢をふるっていたリディアのクロイソス王はペルシアと覇権を競い合う関係にあり、いっそ戦争をすべきかどうかで迷っていた。そこでデルフィにおうかがいをたてると、

「ペルシアに出兵すれば、大帝国を滅ぼすことになろう」

という神託を得たので勇躍（ゆうやく）して出兵した。しかし、その結果大敗北を喫（きっ）して、リディアは滅びてしまった。神託が当たらなかったわけではない。神託の「大帝国」とはリディア自身のことだったのである。

デルフィのアポロン神殿。この神殿の扉に「汝自身を知れ」という格言が刻まれていた

第三次ペルシア戦争で、アテネが全市をペルシアに明け渡し、海戦にさそいこんで大勝利をおさめたサラミスの海戦の戦略も、デルフィの神託によって与えられたものだった。

あるいは、あのソクラテスが哲学をはじめたのも、デルフィの神託がきっかけだった。

あるときソクラテスの弟子の一人のカイレポンが、デルフィに行って、ソクラテスよりも賢い者がいるかどうかアポロン神にうかがいをたてた。ソクラテスは当時のアテネに沢山いたソフィストの一人で、最近評判が高いソフィストだった。アゴラなどで、他の名だたるソフィストたちに片端から論争を仕掛けては、これを次々になぎ倒して、高い盛名を得つつあるところだった。

「ソポクレスは賢い

エウリピデスはさらに賢い

しかし、ソクラテスは万人のなかで

もっとも賢い」

これがカイレポンが得た神託だった。デルフィの神託はいつでもこのような謎めいたエピグラムの形で与えられた。「万人のなかでもっとも賢い」ということであれば、ソクラテスより賢い者は誰もいないことになる。

カイレポンからこれを聞いたソクラテスは深く悩んだ。

ソクラテス自身は、自分がそれほど賢い人間であるとは、夢にも考えていなかったからである。同時にソクラテスは敬神の念が大変あつい人であったから、アポロン神の神託が誤っているはずはないと思った。その矛盾がソクラテスを大いに悩ませた。

そこでソクラテスは、前よりもさらに激しく、政治家、法律家、教育家など、あらゆる分野で賢いとされる人たちをつかまえては、さまざまのテーマで論争をいどんでいった。そういうことをつづけていれば、いつか自分より賢い人に出会うことができるかもしれないと考えたのだといわれる。

しかし、論争をいくら重ねても、ソクラテスに論争で打ち勝つ者に出会うことはできなかった。

ソクラテスが何か体系的に大きな知識を持ち、それで相手をねじ伏せていったということではない。

論争はいつも、ソクラテスが世の賢者、知者とされる人々に対し、その教えが本当に正しいかどうかを問いただし、その内容を吟味（ぎんみ）していくという形をとった。すると、問答を重ねていくうちに、相手の教説に含まれていた大きな矛盾点が露呈されていき、

◀「世界の臍」と呼ばれる石。世界の中心がここであることを示す（デルフィ博物館）

いつのまにか相手は自己の論理的破綻を認めざるを得ない立場に追いこまれていった。論争はいつもそのような経過をたどり、世の賢者、知者とされていた人々は次々にソクラテスの前で恥をかかされることになった。そのうちソクラテスは、論争に敗れた世の有力者たちの深い怨みをかうようになった。そして有力者たちから、ソクラテスは若い青年たちに誤った知識を吹きこみ、世を惑わす者とのそしりを受け、ついに死刑を宣告されることになった。

そのような論争において、ソクラテスが世の知者たちと交わした問答を集大成したのが、ソクラテスの晩年の弟子プラトンの哲学的主著「対話篇」である。

問答において、ソクラテスは、いつも自分を「無知なる者」の立場に置き、「知ある者」にその知の内容を問いただすという形式をとった。

それはソクラテスが、いつも自分を無知なるものと自覚していたので、実際の論争において自然にとっていたポジションであった。同時にそれは、数々の論争を経ることで、意識的にソクラテスが取るようになったポジションでもあった。さらにそれは、彼が到達した最終認識ともいうべき、「無知の知」の実践的ポジションともなった。

ソクラテスは一連の論争の経過をふりかえって、彼らが論争に破れ、自分が勝利をおさめることになったのはなぜか、その勝因を分析してみた。そして結局のところ、

彼らが自分の知に自信を持ちすぎ、それに溺れていたのに対し、自分は自分の無知をはっきり自覚し、逆にそれを自分の武器として用いることができたからではないかということに気がついた。自分が数々の知者たちに勝っていた「知」は、この自分の「無知の自覚」すなわち「無知の知」の一点のみではなかったか、ということに気がついたのである。

そのとき突然、デルフィのアポロンの神殿につねにかかげられていた神託的格言、「汝自身を知れ」を思い起こした。デルフィの神託、「世の中にソクラテスより賢い者はいない」の裏側にあるアポロン神の真意は、人間みな「汝自身を知れ」といわれながら、ソクラテス以外の人々は「無知なる自分」を自覚しないという「無知なる自分についての「無知」」におちいっているということではないのか。この無知を大転換し、「自分は無知だという知」＝「無知の知」＝「人間すべて無知だという知」を獲得したとたん、すべてのものがちがって見えてくる。「無知の知」こそ、人間がなかなか到達できない最大の真理であるということがアポロン神がいわんとしていたことではないか。そう思いいたることで、ソクラテスはついに「無知の知」の上に、すべてを築きあげていく哲学をはじめることになった。

つまり、すべての哲学のはじまりがソクラテスの哲学にあるとするなら、それをはじめさせたものは、二重の意味でデルフィの神託だったということになる。七二年と八二年と二度にわたって訪問したデルフィの神殿で、しばらく私はそんなことを考えながらたたずんでいた。

デルフィの神託は万人のもので、誰でも、どんなことでも神託を求めることができた。だから、商売、結婚、病気など、今日でも占いのご託宣によく頼られるようなことが、デルフィにもよく持ちこまれた。

参道のいたるところに、自分がどのようなお願いをした結果、どのような神託をさずかり、そのおかげでどれほどの幸運をつかむことができたか、その事跡を詳しく書き記した感謝の石碑がズラリとならんでいる。

神殿の奥には、巫女と神官しか入れない至聖所があった。そこには一つの穴があり、穴の中から霊気が吹きだしていた。穴の上に、三本脚の鼎が置かれ、その上に巫女が座っていた。巫女が霊気に当ると神がかりの状態になって、あらぬことを口走った。

それが神託なのだが、最近の学説によると、その穴からは一種の神経作用を持った火山性のガスが噴きだしていて、巫女はそのガスを吸ってある種の錯乱状態におちいり、あらぬことを口走ったのだという。

この穴のそばには、一本の月桂樹が生えており、また、「世界の臍」（オンパロス）

▶ディオニュソス神が描かれた壺（シチリア島・アグリジェント考古学博物館）

◀ディディマの神殿には、このような高さ20mを超える巨大な柱が、128本も立ちならんでいた。その壮大さはしばしば「柱の森」と形容された

と呼ばれる石が置かれていた。139ページの写真は、デルフィ博物館の入ってすぐの所に飾られている「オンパロス」である。これは神殿にあったオリジナルではない。ヘレニズム期に作られたコピーである。ほんものはもっとずっと大きかったと考えられている。ほんものの「世界の臍（へそ）」がどこにいってしまったのかは、誰も知らない。

なぜこのオンパロスが「世界の臍」なのかというと、ゼウスが世界の中心を示すために置いた石だからである。ギリシア人は、世界は平面で円盤状をなしていると考えていた。その中心がどこであるかを知ろうとしたゼウスが、世界の両端から二羽の鷲（わし）を飛ばした。その二羽が出会ったのがこの地の上空だったので、ここを世界の中心と定め、その目印にこの石を置いたのだという。

また一説には、この石は、アポロンがこの地において退治したピュトンという巨大な龍の墓であるという。ピュトンは、大洪水のあとに、ガイア（大地の女神）が産んだ大蛇だった。この大蛇は、人間たちにとって恐怖の的だったが、弓矢の神であるアポロンが、数千本の矢を次から次に浴びせかけ、ついに射殺してしまった。その傷口から、毒を含んだ黒い血が流れつづけたので、アポロンはピュトンの遺体を葬り、その上にこのオンパロスと呼ばれた岩を置き、ピュトンの墓としたのだという。巫女を神がかりにする霊気は、死せるピュトンが今も地下で発しつづけている霊気であるともいわれた。

また別の一説には、この石はディオニュソス神の墓であるという。ディオニュソスは不死の神ではない。父はゼウスだが、母は人間の女という神と人の混血児だった。それ故(ゆえ)にディオニュソスは純正の神の子のみに与えられる不死性を獲得することができず、死すべき存在として生まれた。しかし同時に、純粋に死すべき存在となったわけではなく、若干の不死性が与えられたため、死んでも復活する存在となった。

このディオニュソスの神話が、キリスト教神話につながっていく。

ポイントは、どちらも神の子であるが故に一種の不死性を獲得し、それが復活能力となったというところにある。キリスト教の骨格にある神話は、イエスは神の子であるが故に、神と人の間をつなぐ偉大な仲介者（Mediator）となったというものだ。

イエスは十字架上に死ぬことによって、人格は死んだが、三日目に復活して、神格のみの存在となって昇天した。そして、最後の審判の日には、イエスは再度復活して再臨する。ここでも、神と人の間の存在であるが故の復活能力が中心教義なのである。

キリスト教は、パレスチナから、小アジア（ギリシア文明と古代東方文明の混淆世界）を経て、ヨーロッパへと伝来していく過程で、後期ギリシア文明をたっぷり吸収した。特に東方密儀宗教の影響を受けた新プラトン主義神秘哲学の影響は大きく、それが教説面でキリスト教を成立させたという側面がある。

たとえば、新約聖書で最も難解にして最も哲学的、最も神秘的部分といわれる「ヨハネによる福音書」の冒頭部分、

「初めに言（ロゴス）があった。言は神と共にあった。言は神であった。この言は初めに神と共にあった。すべてのものは、これによってできた」

というくだりが、新プラトン主義哲学のロゴス論を下敷きにして書かれたものだということは、以前から指摘されている。

神が不死ではなく、死ぬ可能性がある神もいるという考えとか、そのような神の死んでも復活する能力を、神の最も重要な属性とするという考え方はユダヤ教の教説にはない。そういった要素はこういう成立過程でキリスト教に流れこんできた、東方的な要素であると考えられている。具体的には神と復活をそのようにとらえるディオニュソス神信仰がもたらしたものということだが、その源流は、おそらく、エジプト神話のイシス神にある。

それは、冬死んで春に復活する植物神、豊饒神の最も重要な性格、「一度神が死ぬことによって、より豊かな生が生み出される」からきたのであろうと考えられている。

それがキリスト教にまで流れこんでいることは、イエスの最も有名な教え、「一粒の麦もし死なずばただ一粒にてありなん。もし死なば大いなる実を結ぶべし」を考えてみればすぐわかる。

ここでイエスは、自分を、死ぬことによって大いなる実を結ぶ一粒の麦（自分一人の贖罪死によって世界の人類が救われる）にたとえている。まさにこれは、自分が植物神そのものであるといっているに等しい言明である。

ディオニュソスは植物神であるとともに、ブドウ酒の神、生殖の神、演劇の神でもあった。一言でいうと生と性の神であり、男根がそのシンボルとしてしばしば用いられた。

ニーチェが『悲劇の誕生』においてアポロン的なるものとディオニュソス的なるものを対置させて、芸術を分析したことは有名である。

アポロン的なるものは理性的で、静的で、明晰で、秩序を求めるのに対し、ディオニュソス的なるものは、本能的、感情的で、ダイナミックな爆発性を秘めている。それは、熱狂と興奮の中で混沌に向かう。

前者は冷たく、後者は熱い。前者の代表的芸術として絵画があり、後者の代表として音楽と舞踊がある。両者が融合したものが演劇というのが、ニーチェの見方だった。

クラロスの神殿。デルフィ、ディディマとともにアポロンの神託が与えられたことで有名な神殿だが、いまではこのように草の中に埋もれている(トルコ・カリア地方)

デロス島のディオニュソスの神域に残る巨大な男根像

そこからニーチェはさらに進んで、人間の生き方の問題に話をすすめた。人間性の中に本来あるディオニュソス的要素を、キリスト教と哲学が圧殺してしまったので人間が矮小化（わいしょう）されてしまったというのがニーチェの近代文明観だった。そのような文明の与えた人間性の桎梏（しっこく）からの解放をニーチェは説いた。

しかし、面白いことには、古代ギリシア人の世界においては、アポロンとディオニュソスは対立関係ではなく補完関係にあった。アポロンが祭られているところには、同時にディオニュソスも祭られていた。

デルフィには、ディオニュソスの墓があっただけでなく、ディオニュソスの神殿があり、ディオニュソスにつかえる専門の神官もいた。毎年春には盛大なディオニュソスの祭りが行なわれた。春のディオニュソス神の復活を祝うのである。キリスト教徒の祝う復活祭（イースター）は、この伝説の上にある。ディオニュソスの祭りでは、ギリシア全土から集まった青年たちの競技会が行なわれ、そのための巨大なスタジアムまであった。

デルフィの他に、アポロンの神域として有名なのは、小アジアのディディマである。ここの神託は古代社会においてデルフィのそれと同じように重んじられた。この神殿の至聖所（しせいじょ）には、聖なる井戸があり、巫女（みこ）はその上にのせられた鼎（かなえ）に座って予言をした。そのかたわらにはアポロンの像とディオニュソスの像（一説には墓）がならんで置かれていたという。

ディディマに次いで重んじられたのは、やはり小アジアにあるクラロスの神殿である。ここでは神殿の前に、アポロンの祭壇とディオニュソスの祭壇がならんで置かれていた。神託を乞(こ)う者はその二つの祭壇の上で供犠(くぎ)をしなければならなかった。

もう一つアポロンの神域として有名なのは、エーゲ海の真中にあるデロス島である。アポロンはこの島で生まれたということになっており、全島が神域になっている。ここにも、巨大な男根の像がシンボルとして置かれたディオニュソスの神域があった(147ページ下)。

このようにアポロンとディオニュソスがしばしばならんで祭られていたのには理由がある。アポロンは、よくあちこちに出歩く神である。重要な神殿があちこちにあるからまわって歩かねばならないのだ。それに冬期は長期間にわたって旅に出る習慣もある。

デルフィでは通例十一月から三月まで留守だったし、デロス島では晩秋から早春にかけての半年間は留守にすることになっていた。その留守をあずかったのが、ディオニュソスなのである。ディディマでは、アポロンがいるときは信徒も神殿の表口を使い、アポロンが不在でディオニュソスしかいないときは、神殿の裏口を使ったという。

アポロンとディオニュソスは対照的な性格を持ちながら、仲良く協力しあい補完しあう関係にあったのである。

人間におけるアポロン的なるものとディオニュソス的なるものとは、大脳生理学でいえば、新皮質が支配する理性的部分と旧皮質が支配する情動的部分とでもいえようか。両者の妥当な関係は、そこでも共存と補完であって、片方の一方的な解放ではないだろう。

ディオニュソス的なるものを一方的に解放した先には狂気が待っている。ディオニュソスの祭りのとき、半狂乱になった女たちは山に入って走りまわり、踊り狂い、歌い叫び、酒に酔いしれ、動物をつかまえてそれを手で引き裂き、その生肉をくらうことまでしたと古書にある。

ディオニュソス的なるものを求めつづけたニーチェは、四四歳の若さで発狂し、十二年後に死ぬまで正気を取り戻すことがなかった。

発狂した直後に、ニーチェはワーグナー夫人であるコジマに、

「アリアドネよ、われ汝を愛す」

というたった一行だけの手紙を書き、それに、「ディオニュソス」と署名した。

第3章 聖なる神と性なる神

衝撃的な出会いというものがある。出会った瞬間にいっさいの言葉を失い、茫然（ぼうぜん）と立ちつくしてしまうような出会いのことである。雷に打たれ、背筋に電流が走ったかのような思いがする瞬間である。そういう出会いをより多く持つことができた人ほど、人生は豊かである。

出会いは、人との出会いの場合もあれば、書物との出会い、映像との出会いもある。音楽との出会いという場合もあろう。

一九七二年、私がこの地方をさしたる目的もなく放浪しているときに、そうした衝撃的な出会いをした。それは一つの彫刻との出会いだった。

エフェソスのアルテミス像との出会いである。

ろくな予備知識もなくエフェソスの遺跡を見にいって、私はまずその広大さに度胆（どぎも）を抜かれた。エルサレムから小アジアを経てヨーロッパに向けての伝道旅行に出た聖パウロが、エフェソスにたどりついたとき、「これより大きな町があるだろうか」と、その巨大さに驚倒（きょうとう）したということが新約聖書に記録されている。

エフェソスは古代世界で最も大きな町の一つだった。アテネ、ローマ、アレクサンドリアなど、他の古代の巨大都市はいずれも、いまも巨大都市として生きつづけている。そのため、それらの都市の古代部分の相貌は現代都市の舗装の下にいまなお埋もれたままになっている。

といって、住民を全部追い出して、掘り返すわけにはいかないから、当分その相貌はわからないままだろう。しかしエフェソスは死んだ町であるため、現在も発掘が日に日に進められている。だから、古代都市の遺跡としては、ここが世界最大なのである。

当時は、いまほど発掘が進んでいなかった。それでも丸一日かけて足を棒にして歩きまわらねばならなかった。最近はかなり観光客が見物に来るようになったようだが、そのときは、シーズンオフのせいもあって、あの広大な遺跡に私以外にいた見物客はたったの三人だった。

夕方、歩いて数キロ先のセルチュクの町に出た。エフェソスは全くの廃墟だから、宿泊も食事もその町でしなければならなかったのだ。

ガイドブックを見ると、セルチュクに博物館があって、エフェソスの遺跡の出土品が置いてあるという。道筋だったのでそこに寄ってみると、木造の小さな博物館だった（現在の博物館とは場所も規模もちがう）。その玄関を入った真正面にアルテミス像が置かれていた。

夕暮の柔らかい光の中に、これまで見たこともない奇怪な女神像が浮かび上がった。あまりにも奇怪な形象に私はしばしあっけにとられて、ただポカンと眺めていた。

◀ローマ時代(2世紀)につくられたアルテミス像の縮小コピー(高さ174cm。トルコ・エフェソス博物館)

何よりも目をひいたのは、その胸全体をギッシリおおっている乳房状のものだった。「これはいったい何なのだ」、と私の頭の中で沢山の疑問符が渦をまいた。

乳房の下に、つま先近くまで、怪しげな獣の像が三匹ずつ六段にわたって浮き彫りにされていた。一番上はライオンと見当がついたし、一番下はどうやら牛らしい。しかし、その中間のものは怪獣としかいいようがなかった。後に調べてみると、確かにそれはスフィンクス、キメラ、グリフィンなど神話伝説の中の怪獣だった。同じ怪獣のレリーフが頭の両脇にも配されているし、胸には首飾りがあり、そこには十二星宮がレリーフされていた。

時刻は夕方にさしかかっていて、博物館の開館時間はもういくらも残っていなかった。私は大急ぎで館内をひとまわりした。小さな博物館で、他にさして見るべきものもなかった。というより、アルテミス像の印象があまりにも強烈だったから、他のものは見ても目に入らなかったのだ。あっという間に全館見終わって、再び玄関に戻った。そして閉館まで、アルテミス像にしっかり見入って、細部の細部までしゃぶりつくすように見た。

これは奇怪な像であるが、恐ろしいほどの吸引力があった。

なにか強力な磁力線のようなものが放射されているような気持さえした。

とにかく視線をとらえて離さないのだ。その像を見ていると、他のものが何も視野に入ってこなくなる。それだけではない、体がそちらのほうに引きよせられていくような気がした。魔性の力というのは、こういう力のことをいうにちがいあるまいと思った。

翌日私はセルチュクを発った。しかし、発ってすぐに、発ったことを後悔した。町を出る前に、もう一度あのアルテミス像を見ておくべきだったと思ったのである。その次の日も、次の次の日も後悔がつづいた。どうしてももう一度見てこなかったのか。もう一度見たい、と強烈に想った。

日本に帰ってからもその想いがつのり、エフェソスのアルテミスをもう一度見るためだけでも、もう一度トルコに行くことをいとわないとまで思うようになった。それから十年。アルテミスの魔力はいささかも衰えず、ついに再会にこぎつけたわけである。

その間、あの奇怪な像についてもっと知りたくて資料を漁っているうちに、面白いことをいろいろと学ぶことができた。

アルテミスといえば、ゼウスの娘で、アポロンの直系の妹にあたる（二人はデロス島でいっしょに双生児として生まれた）。ギリシア神話では美しい、処女の、狩が大好きな女神で、猟犬をひきい、ニンフ（妖精）たちとともに鹿を追って山野をかけめぐる女神とされている。

こう聞くと、ローマ神話に詳しい人の中には、それはダイアナ神のことではないかと思う人もいるだろうが、ローマ神話のダイアナ神は、ギリシア神話のアルテミス神と同じ神なのである。しかし、ギリシア美術のアルテミス神像は通常このエフェソスのアルテミス神とは似ても似つかない姿をしている。

実は、エフェソスのアルテミスは、小アジア地方で、はるか昔から崇拝されてきた別の女神なのだ。ギリシア文化と接触して、アルテミスという名前を借用しただけで、ギリシア伝統のアルテミス神とは全く別の神なのである。だから、常に「エフェソスのアルテミス」と地名つきで呼ばれている。

といっても、ローカルな神様だったというわけではない。古代世界においては、エフェソスのアルテミスは地中海全体に名前がとどろく、最も有名な女神の一人だった。古代世界の七不思議というと、エジプトのピラミッド、バビロンの空中庭園などが一般にあげられるが、古代人が筆頭にあげていたのは、このエフェソスのアルテミス神殿だった。七不思議を訪ね歩いた古代の詩人は、

「アルテミスの神殿を見れば、ほかのものはすべて意味を失ってしまう」

とまでいっている。

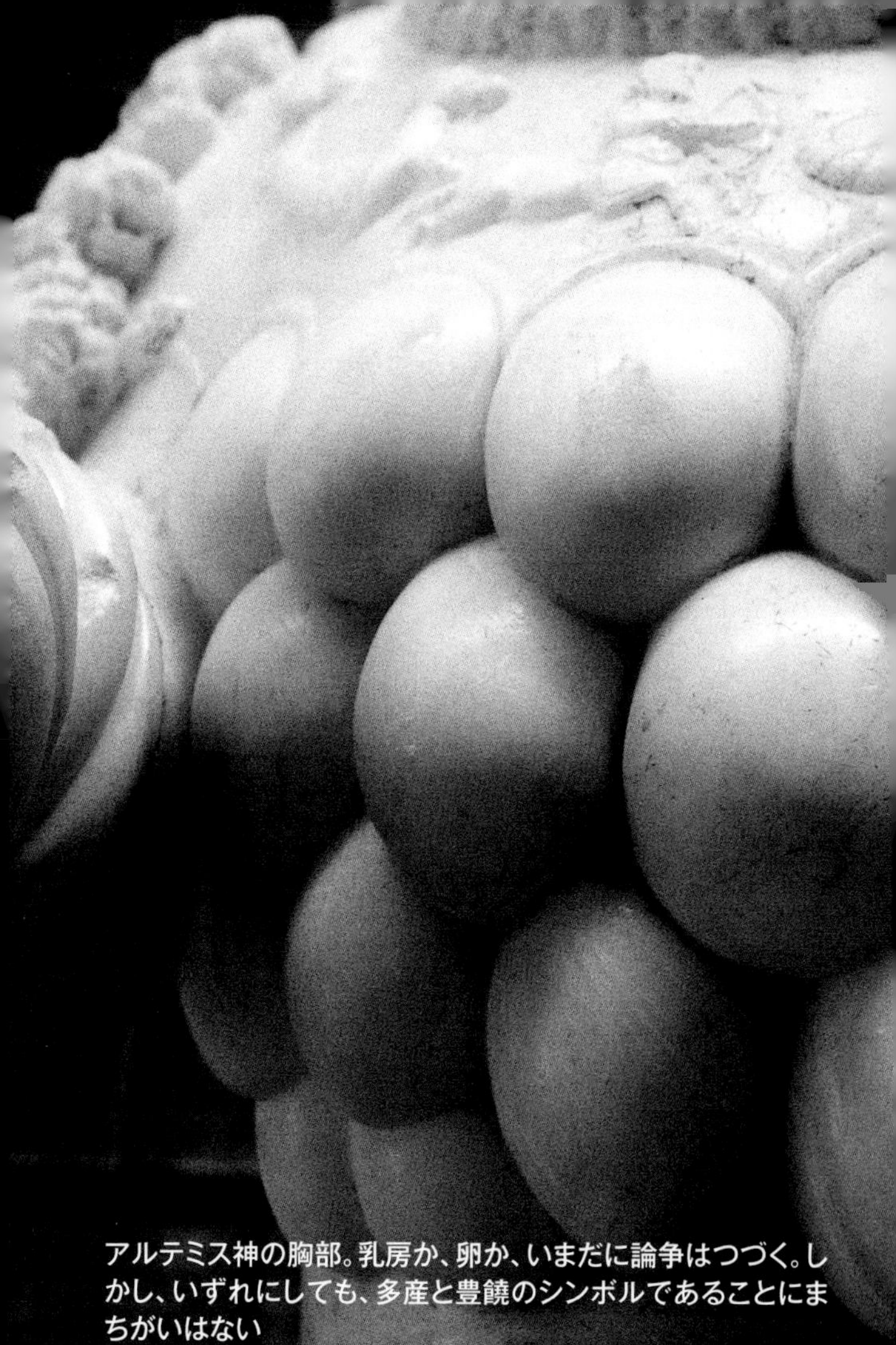
アルテミス神の胸部。乳房か、卵か、いまだに論争はつづく。しかし、いずれにしても、多産と豊饒のシンボルであることにまちがいはない

アルテミス神殿は大きさからいっても、古代ギリシア世界における最大の建造物だった。しかも、それがすべて大理石造りであったため、美しさにおいて比類がなかったと伝えられている。その神殿のうち、いま残されているのは、163ページの写真に見るようなたった一本の柱のみである。神殿の跡地では現在も発掘がつづけられているが、まだ遺跡のほとんどは土の中である。往時は、これと同じ柱が一二七本も立ちならび、さながら柱の森であったという。

その柱の森の中にアルテミス像があった。博物館にあったアルテミス像ではない。博物館のものは人間よりちょっと大きいくらいの像で、神殿にあった巨大な女神像の縮小コピーなのである。縮小コピーですらあれだけの魔術的吸引力を発するのだから、巨大なオリジナル像がどれだけの魔術的パワーを発していたか、想像するだにあまりある。

エフェソスのアルテミスが古代世界でどれほど崇拝されていたかは、聖書に記録されている次のエピソードを紹介すれば充分だろう。

前に紹介したパウロは、エフェソスに二年間滞在し、腰をすえてキリスト教の伝道をはじめた。日を追って、キリスト教が広まり、新しく信者になる者が続々と出てきた。エフェソスには魔術師が沢山いたが、彼らは大挙してキリスト教に転向し、魔術書を公衆の面前で焼き捨てた。その魔術書の価格だけで、銀五万にのぼったとある。

現在の貨幣価値に直すと、一億円以上だろう。

こうしてエフェソスにキリスト教が広まることに危機感を持ったのが、アルテミス神信仰で生計をたてていた業者である。エフェソスには、アルテミス神の信者が沢山やってきたから、一種の観光産業が成りたっていた。

デメトリオという銀細工師もその一人だった。彼はアルテミス神殿の模型を銀細工で作り、それを土産物として売ることを商売にしていた。ある日、デメトリオは仕事仲間を集めて、こうアジ演説をした。

「諸君、われわれがこの仕事で生計をたてていることはご存知の通りだ。しかるに、諸君もご存知のように、あのパウロが、手で造られたものは神様ではない、などといって、エフェソスばかりか、ほとんどアジア全体で、大勢の人々に道を誤らせた。これでは、お互いの仕事に悪評が立つ恐れがあるばかりか、大女神アルテミスの神殿も軽んじられ、ひいては全アジア、いや全世界がおがんでいるこの大女神のご威光さえも失われてしまうだろう」

デメトリオのアジ演説は、キリスト教が広まるのをひそかに憂えていた人々の不安感に火をつけて、たちまちパニック状態をひき起こした。

「これを聞くと、人々は怒りに燃え、大声で、「大いなるかなエフェソスのアルテミ

もうひとつのアルテミス神像（紀元前1世紀、高さ292cm。エフェソス博物館）

エフェソスのアルテミス神殿の遺跡

ス」と叫びつづけた。そして町中が大混乱に陥り、人々はパウロの道連れであるガイオとアリスタルコとを捕えて、いっせいに劇場へなだれこんだ。中では集会が混乱に陥ってしまって、ある者はこのことを、ほかの者はあのことを怒鳴りつづけていたので、大多数の者は何のために集まったのかもわからないでいた。皆の者はいっせいに、「大いなるかなエフェソスのアルテミス」と二時間ばかりも叫びつづけた」

と、「使徒行伝」は記録している。

この集会が行なわれたエフェソスの劇場は、世界でも有数の大劇場で、二万四〇〇〇人を収容した。この大劇場は、ほとんど当時の姿のままに修復再建されており、エフェソスの遺跡の中で最も有名なランドマークとなっている。

このエピソードで知れるように、エフェソスのアルテミスは、そのころ、全アジア、全世界で崇敬されていたのである。

宗教の起源をたどっていくと、旧石器時代までさかのぼることができる。旧石器時代から人は神の像をきざんでおがむことをはじめた。彼らの神は基本的に女であった。生殖する女、母なる女であった。女とその性が信仰の対象だった。

生命の神秘が女の性に宿っていたからである。旧石器時代の女神像は、すべて、陰部、尻、腹、乳房を極端に強調したものである。生殖と生殖をもたらす性は聖なるものであった。

そうした女神像は世界各地で出土しており、一般にヴィーナスと総称されている。ヴィーナスとはいっても、ミロのヴィーナスのごとき端整でリアルな女神像とは似ても似つかない、極端にデフォルメされた、グロテスクなヴィーナスである。しかし、それは、恐るべき迫力をもって見る人に迫ってくる。

たいていは掌(てのひら)の上にのるくらいの大きさでしかないのに、後世の巨大な女神像に優るとも劣らぬエネルギーがそこから発散してくる。それにふれることによって、人間の奥深くひそんでいる原始的エネルギーが触発されるような気がしてくる。

生命を産みかつ育てる役を果たす女の性と母性を崇拝することが、やがて、万物を生み育てた大地を、地母神(ちぼしん)として神格化する方向に進んでいった。

世界各地の原始宗教や神話の中に、さまざまの名前を持つ地母神が登場してくる。特に農耕社会では、地母神が絶対的存在として崇拝された。農作物、いやすべての植物の生と死は地母神によって支配されていると考えられたからである。

エフェソスのアルテミスはこうした地母神の系譜の上にある。多産と豊饒(ほうじょう)のシンボルをあれほど沢山全身につけているのだから、それ以外のものとは考えられない。

デメトリオのアジ演説が行なわれたエフェソスの大劇場

地母神信仰はセックスと深く結びついていた。地母神の神殿では神聖売春が行なわれていたし、地母神の祭りの日は、町をあげてのオージー・パーティー（乱痴気騒ぎ）となった。女は腰に男根の像をしばりつけて踊り狂ったという。古代において、性は、はじめから解放されており、恥ずべきものでも、忌避されるべきものでもなかった。

信者の性行為は地母神を性的に刺激し、地母神をより多産に、より豊饒にする効果があると信じられていた。セックスは聖なる信仰の行為だった。

神聖売春というのは、特別に神聖なやり方でセックスをしたということではない。神殿に公認の売春婦がいたからそう呼ばれていたのである。神殿で売春婦を買ってセックスをすることは、信仰を深める行為として当局から推奨されていた。バビロンやキプロスでは、その土地の女性は必ず結婚前に一度は地母神の神殿で売春婦となり、最初に声をかけられた男に抱かれなければならないという定めさえあった。美人はすぐに声をかけられたが、不器量な女は、声をかけられるまで三年も四年も待たなければならなかったといわれる。

売春は聖なる行為であり、売春婦は聖なる職業だった。エフェソスでは、売春婦の社会的地位が高く、アルテミス神の庇護の下にある存在とみなされていた。だから、既婚、未婚を問わず、男性が売春婦と交わることは、社会的に完全に容認されていた。

売春婦の側でも、愛技、性技の開発につとめ、その水準はきわめて高かったと伝えられる。彫刻家が彫像を彫るときや、絵描きが絵を描くときに、しばしばそのモデルになったのは売春婦である。エフェソス出土の女神像など、かなりが実は売春婦像であるといって良い。

売春宿には、プリアポス神の像がその目印としてぶら下っていた。プリアポスは、ゼウスとアフロディテ（ヴィーナス）という、最高の組合せを父母として生まれたのに、ゼウスの正妻ヘラの嫉妬による呪いをかけられて、あまりに巨大すぎる男根の持主として生まれてしまった神である。

プリアポスは豊かな生産力を象徴する神であると同時に、売春婦の護符（お守り）でもあった。

ゼウスというのは、不思議な神様で、セックスに関しては、ほとんど色情狂である。女神といわず、ニンフといわず、人間の女といわず、いい女を見つけると、あらゆる困難をものともせず、とにかくものにしてしまう。近親相姦すら二回している。

女がいくら逃げたり隠れたりしても、ゼウスはあらゆるものに変身して障害を突破してしまう。白鳥になったり、鷲になったり、牡牛になったり、ある場合には黄金の雨に姿を変えてまで女に接近し襲うのである。ゼウスの変身能力は、女を追い求める

◀地母神の像。必ず陰部、腰、腹が強調されている（アンタルヤ博物館）

◀（左頁右上）堂々たるセックスシーンが古代の美術品にはしばしば見受けられる。古代においてはセックスは社会におおらかに受け入れられていた（左上、左下ともにイスタンブール考古学博物館）　（右下）ギリシア・フィリピ博物館

男の情念の極限の表現といってよいかもしれない。

ギリシア神話の相当部分は、ゼウスがあらゆる女性を相手にいかにセックスをしまくったかという物語である。すれば当然子供が生まれる。女神とゼウスの間からは神が生まれ、人間の女とゼウスの間からは英雄や王が生まれた。こうしてギリシアの神々、英雄、王家のほとんどはゼウスと血のつながりを持つ存在となった。

ゼウスの色情狂ぶりは次のように解釈されている。ギリシア民族は北方からやってきた遊牧民族で、父系社会であり、父系の神を持っていた。

しかし、ギリシアあるいは小アジアの先住民族は母系社会であり、女神を神としていた。先住民族を武力で支配するだけでなく、文化的にも支配するために最も有効な手段は、支配者の神が先住民族の神と融和を保ちながらかつ支配的関係に立つことである。

その最良の手段は、相手が女神であるのを幸い、ゼウスがそれと性的関係を持ってしまう（持ったことにしてしまう）ことだった。あるいは、相手の神は、実はゼウスの子供であったのだという神話を作ることだった。ずっと昔に、ゼウスが相手の神の母と交わりを持ったことがあるから、その神は実はゼウスの子だったのだという神話を作ってしまうのである。

ギリシア民族が多種多様な先住民族を支配しただけ、ゼウスは多種多様な女神と交わる神話を作らねばならなかったのだろう。

ギリシアの文化支配は、ゼウスの男根を通じて行なわれたわけである。

ゼウスは正妻ヘラとの間には、たった四人の子供しか作らず、そのどれもが大した神様にはならなかった。ところがゼウスは、他の女神や人間の女との間には沢山の子供を作った。ヘラは、ギリシア神話の中では、夫の情事に怒り狂いながら、もっぱら相手の女の足をひっぱることに熱中した、悲しい女神とされている。

しかし実はヘラ自身も東方の大地母神の一人であったと考えられている。ヘラが生まれたとされるサモス島には、巨大なヘラの神殿があった。その巨大さがヘラの受けていた崇敬（すうけい）の大きさを示している。今その巨大神殿は178ページのような高さ二三メートルの一本の柱を残すのみである。だが、この一本の柱は、ギリシアの遺跡の中で最も優美な柱の一つにかぞえられている。

かつて、ヘラの神殿にはこれと同じ柱が一三三本も立ちならんでいたという。それがいかに壮麗であったか、いまとなっては、この残された一本の柱から想像するしかない。

さて、こうして先住民族の神々をくり入れて体系化されたギリシアの神々は、その後どうなったのか。ギリシアがローマ帝国に支配されるようになると、ローマの神々とギリシアの神々の間で、ゼウスは実はジュピター、アフロディテは実はヴィーナス、という具合いに似た者同士を「実は」で結びつけて、すべて同じ神々だったのだということにしてしまった。

神々を同じにすることで文化的同化をはかったのである。それまで、ギリシア神話とローマ神話は別ものだったのに、それ以後、「ギリシア・ローマ神話」と一つにまとめられるようになった。

これと似たようなことが、仏教伝来期の日本でも起きている。いわゆる本地垂迹説(ほんじすいじやく)による「神仏習合(しんぶつしゅうごう)」である。本当は、もともと仏であったものが、仏教渡来以前の日本に顕現(けんげん)するときは、神の姿形を取り、神名を名乗っていたということにして、神道の世界と仏教の世界を一体化してしまったのである。神というも仏というもその実体は一つということにしたのである。たとえば、日本で八幡(はちまん)神と呼ばれていた神は、実は菩薩(ぼさつ)であり、両者一体にした八幡大菩薩というのが本来の正しい呼び名であるとされたりした。

このような習合説が登場するときには、文化的に劣位な側の神(この場合は神道の神)が、文化的に優位な側の神(この場合は仏教の仏)と実は同じであったという形を

ギリシア・クレタ島出土の紀元前1500年前のブロンズ像

ペルガモン出土の男根像。祭りの日に女が腰につけたのは、こういうものか

プリアポス神の像(アテネ・アクロポリス美術館)

プリアポス神の像(エフェソス考古学博物館)

とる。

ローマとギリシアの優劣関係はどうなっていたかというと、軍事的経済的にはローマ文明のほうがはるかに優位だったが、文化的にはギリシア文明のほうがずっと古く、はるかに水準が高いレベルにあると考えられていた。したがって、「ローマ神話のダイアナ、実はギリシア神話のアルテミス」であって、その逆ではない。「実は」で結ばれても、ギリシア人はギリシア名を使いつづけたから、ギリシア側は昔と何も変らなかった。

変わったのは、ローマ帝国がキリスト教を国教に採用したときである。皇帝の命令で、異教の神殿は破壊され、神像も偶像であるとして破壊された。破壊されなかった神殿は、キリスト教の教会に転用された。

エフェソスのアルテミスの神殿も破壊された。だから、世界七不思議の一つにかぞえられるような大神殿が、柱一本しか残されないというようなことが起きたのである。

残りの柱の何本かは、後にコンスタンティノープル（現在のイスタンブール）に運ばれて、聖ソフィア大聖堂（183ページ）を建てるのに用いられた。

一四五三年、東ローマ帝国がトルコに滅ぼされ、コンスタンティノープルがイスタンブールになると、聖ソフィア大聖堂はトルコ政府に接収された。そして、内部は完全に破壊されて、モスクに変えられた。現在も基本的にはモスクとして使われているが、キリスト教大聖堂だった時代の壁画、天井画、モザイクなどが一部復元されて、観光客に公開されている。

これに近いようなことが、現代社会においても起きている。たとえば、ロシア革命が起きたとき、モスクワにしても、ペテルブルグにしても、そこはロシア正教の壮麗な寺院が立ちならぶ宗教都市だった（モスクワだけで七百余の寺院があった）。

しかし、唯物論と反宗教の立場に立つ革命政府は、それらの寺院を片端から打ち壊し、あるいは接収して、別の目的に使った。ロシア全土でしばしば行なわれたのは、寺院を「無神論博物館」に変えてしまうことだった。フランス啓蒙思想あたりからはじまる反宗教的自由思想、社会主義、共産主義の思想の流れを展示する「思想博物館」にしたのである。

ロシアがソ連だった共産主義の時代には、全国の大都市に必ずそのような無神論博物館があったものだが、ソ連が崩壊してロシアに変わってからは、そのような無神論博物館はみなロシア正教の寺院に戻ってしまった。

話をエフェソスに戻す。この時代エフェソスはアルテミス信仰の中心地から、キリスト教信仰の中心地に代わった。先に見たように、パウロはここに何年も滞在して、小アジア伝道の基地にした。パウロだけでなく、ヨハネもこの地にやってきて、死ぬ

サモス島にあるヘラの神殿。優美かつ巨大な柱がたった1本だけ残されている

聖母マリアがアトスを訪れる場面（アトス・イヴィロン修道院）

聖母の死（イスタンブール・カーリエ博物館）

までここにいた。

ヨハネに伴われて聖母マリアもこの地にやってきて、やはりここで死んだと伝えられている。マリアが晩年をすごしたとされる地には小さな教会が建っている。マリアが別の地で死んだとされる伝承もあるが、二十世紀後半、この小さな教会をローマ法王が訪問し、追悼のミサをここで捧げた。法王訪問を記念する石版がそこに埋めこまれているから、この地で死んだという伝承をカトリック教会がオーソライズした形になっている。

その教会堂は、ちょうどエフェソスを見おろすかっこうの小さな山の上にある。その同じ地が古代においては、アルテミス礼拝の地でもあったという。同じ土地が、アルテミス信仰の聖地からマリア信仰の聖地に変わったわけである。祭られる神様が変わっても、聖地は聖地として変わらなかったのだ。

こういうことは、他の宗教でも起きた例がある。メキシコは、かつての古代アステカ王国である。スペイン人が侵入してきて、王国を滅ぼし、住民をキリスト教に改宗させてカトリック教徒にしたことで知られている。

この国でいちばん有名なカトリック教会は、グアダルーペの聖母教会だが、この教会がある地は、実は古代アステカ王国時代に広く崇敬(すうけい)を集めていた地母神(ちぼしん)トナンツィンの神殿が置かれていた聖地なのである。

スペイン、コルドバにある世界最大のモスク、「メスキータ」ももう一つの例だ。ここは往時西ゴート族のキリスト教会だったが、八世紀にこの地を征服したウマイヤ朝カリフのアブド・アッラフマーン一世は、教会を打ちこわして巨大なモスクを作った。中世のイスラム文明最盛期、コルドバは世界最大の都市として繁栄した。それに合わせてモスクも二〇〇年かけて拡張に次ぐ拡張を重ね、世界最大（約二万四〇〇〇平方メートル）になった。その後十三世紀にカトリック教徒がスペインを再征服すると巨大なモスク内部にキリスト教礼拝堂が幾つも設けられ、教会として使用されるようになった。十六世紀には、カルロス五世の命によって、モスク内部の中央部にキリスト教のカテドラルすら建立された。この奇妙なキリスト教とイスラム教の混淆状態の巨大建造物は、いまも混淆状態のまま残っている。

ここでも、信仰の対象となる神は何度か変わっても、その地の聖性は維持されたわけである。

エフェソスで起きたこともそれに似ている。紀元四三一年、エフェソスに当時の世界のキリスト教指導者を集めて、公認教義を統一するための第三回公会議が開かれた。その公会議で、はじめて、マリアの処女懐胎が教義として採用された。それと同時に、マリアに「神の母（テオトコス）」の呼称が与えられた。人間でありながら同時に神の母であることにおいて、マリアに神性が付与されたのである。

この決定が今日までつづくカトリックのマリア崇拝、マリア信仰の道を開いた。キリスト教にマリア崇拝が導入されたことによって、キリスト教の信仰はそれまでになく広まった。神の母たる大母神の存在という観念が、それまでこの地を支配していた地母神信仰になれ親しんできた人々にピッタリ合ったからである。

エフェソス公会議でこの決定がなされたとき、エフェソス市民は全市をあげて熱狂的にそれを歓迎したという。

かくして地母神信仰は、マリア信仰に姿を変えて復活したわけである。

ここでマリア信仰とアトスとの関係で述べておきたいことがある。アトスには独特のマリア信仰があるということだ。

イエスの母マリアは、イエスの死後、使徒ヨハネにともなわれて、エジプトのアレクサンドリアにおもむき、そこでしばらく暮らしたと伝えられている。その後エフェソスの信徒たちに呼ばれて、ヨハネとともに、そちらに移住することになった。その途中、マリアとヨハネを乗せた船が、アトス半島沖を通った。そのとき、アトス山を見たマリアは急に霊感を感じて、船を止めさせ、アトス山のふもとに上陸した。そし

アルテミス神殿の巨石を使って造られたイスタンブールの聖ソフィア大聖堂

てアトス山を指さして「これは聖なる山（ハギオン・オロス）です」といったという。それ以来、アトス山は、ギリシアではハギオン・オロスと今でもいわれている。このような伝説にもとづいて、アトス山は昔から聖なる山として尊崇を受け、その山すそにはいつの間にか出家した隠修士が住みついて修道生活にはげむようになった。その結果、自然発生的に修道院が沢山できて、いつのまにか修道院の自治区のようになってしまった。

さて、アトスの各修道院には珍しいイコン（聖画像）が沢山あるが、スタブロニキタ修道院にはイエスの母マリアの臨終の場面を描いた〝コイメシス〟と呼ばれるイコンがある。〝コイメシス〟は、ギリシア語で〝眠り〟の意味である。マリアは死んだのではなく、眠りに入ったというわけだ。

　マリアが入眠した後どうなったかについては二説ある。最後の復活の日まで遺体が腐敗しないように天使がどこかに運び去って保存したとする説と、三日後に天使に手を取られてそのまま昇天したという説（被昇天説）がある。いずれにしてもキリスト教徒にとっては、マリアの遺体が腐敗するなどということは想像するだに耐えられないことだった。遺体の腐敗というのはそもそも原罪を持つが故に人間に与えられる人生最期の劫罰と考えられていた。しかるにカトリックの公認教義（無原罪懐胎説）によると、マリアだけは生まれながらに原罪がないとされていたから、腐敗はしないはずで、それなら被昇天説でないとおかしいということになる。

　一般大衆の間では後者の説が広く信じられていたが、カトリック教会の公式見解にはなかなかならなかった。それに不満を持ったイタリア、スペイン、ラテン・アメリカ諸国の民衆の間で、マリア被昇天説を公式教義へという一大署名運動が一九四〇年から展開されて、一千万近い署名を集めた。そしてついに一九五〇年、教皇ピウス十二世によって被昇天説が公式教義とされた。

　さて、私の知る限り、〝コイメシス〟のようにマリアの死の場面を描いた絵は西欧では見たことがない。しかし、東方教会の世界では、これは前からイコンのモチーフになっており、179ページ下に示したのは、イスタンブールのカーリエ博物館にあったものである。イコンの説明によると、臨終の床でマリアのすぐそばに寄りそっているのが聖パウロと聖ヨハネであり、左手前で香を焚くバーナーをふりまわしているのが聖ペテロである。十二使徒も全員そろっているし、キリストも立ち会っている。キリストは幼な子のイエスを抱いているが、この幼な子イエスと見えるものが、実は聖母マリアの霊であり、この絵は聖母マリアの霊がキリストによって救済されたところを描いているのだという。救済されたマリアの霊は、すぐに昇天せず、先に述べたように死後三日目に昇天したことになっている。

キリスト教の教義では、原罪は性と強く結びついている。性すなわち原罪なのである。人間は性行為を通じて生まれてくる。それ故にすべての人間は原罪を負って生まれてきてしまうというのがキリスト教の性理解なのである。しかし、イエスもイエスの母マリアも原罪とは無縁の聖なる存在でなければならないから、生まれるときは処女懐胎（イエス）、無原罪懐胎（マリア）で原罪からまぬがれ、死んだあとは復活（イエス）ないし被昇天（マリア）によって遺体の腐敗（原罪の証し）からまぬがれたということにしたわけである。

このようにして、聖母子は徹底的に性から切り離されることで聖性が守られたわけである。キリスト教における聖と性の背反はここに起源を持つ。信者は、イエスあるいはマリアをモデルとして生きることに努めたから、性は禁忌（きんき）となった。修道士も修道女も極端な純潔精神（「情欲をいだいて異性を見る者は姦淫（かんいん）と同じ」「眼が犯させるなら眼を取り出して捨てよ」）をもって旨とする生活を送らなければならなかったから、動物といえども雌（めす）を入れないアトス半島のようなルールができてしまったわけである。

そこに生まれた世界は、古代のディオニュソス神の信仰世界や、地母神の信仰世界のごとく、聖と性が深く結びつき、その結びつきに価値が置かれた世界とは正反対の、聖と性が全く背中を向けあった世界だった。

だが、そのように性を禁忌（きんき）として最大限に抑圧する宗教が生まれて二千年後の今、どのような社会が現出したかというと、世俗的一般社会のルールとしては、むしろ性の解放をもってよしとする社会だったといえるのではないか。

今後、聖と性の関係がどうなっていくかは、今のところ予想もつかない。しかし、性を求める心が人間の本性というのも真実なら、同時に聖を求める心もまた人間の本性といっていい。

両者の間の正しい折り合いのつけ方を人間はいつごろ見つけられるのだろう。

第4章 ネクロポリスと黙示録

ネクロポリスとは、〝死者の都市〟の意である。死者の都市、すなわち墓地である。古代都市においては、通例、街を囲む城壁のすぐ外側にネクロポリスが置かれた。墓地といっても、日本の墓地とはいささかおもむきがちがう。

サルコファガスと呼ばれる巨大な石棺がまるで家のように立ちならび、なるほどこれは死者の都市といわれるにふさわしいと思わせるような景観になっている（199ページ上）。

サルコファガスには美しいレリーフがほどこされている。高位高官の人や金持のサルコファガスになると、一流の彫刻家が手のこんだレリーフをほどこしたから、その美術的価値は高く、いいものはたいてい博物館におさめられている。

サルコファガスで最も有名なものを一点だけあげるとすれば、イスタンブール考古学博物館にあるアレクサンドロス大王のサルコファガス（190ページ）だろう。これは、レバノンのシドンのネクロポリスで発見されたサルコファガスで、この中に葬られていたのが誰であったかは不明である。これがアレクサンドロス大王のサルコファガスと命名されたのは、そのレリーフが、アレクサンドロス大王がギリシア軍の先頭に立ってペルシア征服に挑んでいるさまを描き出しているからである。これは思わず息を呑むほど見事な石棺である。その美しさ故に、これはやはりアレクサンドロス大王その人のサルコファガスではないかとの説がいまだに消えない。

しかし、史書によれば、アレクサンドロス大王はバビロンで死に、遺骨はアレクサンドロスの指示によりエジプトのアレクサンドリアに葬られたとある。だが、アレクサンドリアにアレクサンドロス大王の墓は発見されていない。シドンは、バビロンからアレクサンドリアに向かう道筋にある。だからそのサルコファガスが本当にアレクサンドロス大王のものである可能性が全くないわけではないが、歴史学者は否定的である。

イスタンブール考古学博物館には、これ以外にも、サルコファガスの逸品(いっぴん)がたくさんある。正確な記憶ではないが、少なくも六室はサルコファガスで埋めつくされている上に、前庭にも巨大な石棺が約十個ばかり屋外展示されている。

古代の美術品の中で、日本で一番紹介が遅れているのは、このサルコファガスだろう。そういう美術品のジャンルがあるということすら知らない人が大部分なのではあるまいか。

アレクサンドロス大王以外でもうひとつお目にかけたいのは、紀元前四世紀に作られたリキアのサルコファガスのレリーフである（194ページ）。このレリーフは、二匹のスフィンクスをあらわしている。スフィンクスというと、誰でも思い出すのはエジプトのギゼの砂漠のスフィンクスだろうが、あのスフィンクスとこのスフィンクスと

「アレクサンドロス大王のサルコファガス」。ライオンの頭部の毛皮をかぶり、ペルシア軍と戦う騎乗のアレクサンドロス大王（イスタンブール考古学博物館）

ライオンと雄鹿狩り。左端が狩りをする若き日のアレクサンドロス大王の姿

マケドニアとペルシアの戦闘場面

はだいぶおもむきがちがう。

エジプトのスフィンクスは、人の頭を持つライオンで、雄(おす)である。しかし、ギリシアのスフィンクスは雌(めす)であり、美少女の頭を持つ翼あるライオンである。頭だけでなく、乳房もまた美少女のそれである。リキアのサルコファガスのスフィンクスは、ギリシアのスフィンクス像の中でも、最も美しいスフィンクスといわれている。

カメラの須田慎太郎は、ファインダーをのぞいて、

「チキショー、このオッパイいいなア。このオッパイいいなあ」

とつぶやきながら、何度も何度もシャッターを押している。実際それは、石と知りつつも手をのばしてさわってみたい気持にさせるほどエロチックだった。

スフィンクスは冥界(めいかい)の支配者プルートー（ハーデースともいう）に仕えた怪物とされる。だから、ネクロポリスにふさわしい存在と目(もく)され、サルコファガスのレリーフにしばしば登場する。

スフィンクスの母親は、「上半身が女、下半身が蛇の怪物」、エキドナだった。エキドナは、「上半身が男で、下半身が毒蛇、肩から百匹の龍の頭が突き出していて、全身に羽が生えている」という巨大な怪物テュポンと交わって、双頭の怪犬オルトロスを生んだ。このオルトロスとエキドナがもう一度交わって、つまり母子相姦(そうかん)した結果

生まれたのが、スフィンクスだったのである。

スフィンクスはこのような誕生の経緯からいっても、怪物の系譜の中で最もおどろおどろしいものといっていい。しかし、古来美術家は、スフィンクスを美しい魅力たっぷりの動物として描いた。近代で最も美しいスフィンクスは、フランスのギュスターブ・モローが描いたスフィンクスだろうが、このレリーフのスフィンクスはそれに劣らず美しい。

ギリシア神話には、神々の系譜とならんで、こうした怪物の系譜が存在する。また神々の系譜の中にも、ゼウスを中心とするオリュンポスの神々以外に、地下あるいは冥界と怪物の世界を支配する別の神々の系譜がある。ゼウスの支配権は、地下の世界には及ばないからである。

ギリシア人は天上の神を拝むとともに、地下の神をも拝まねばならなかった。地下の神の代表格であるプルートーは別名を〝地下のゼウス〟といった。冥界の支配者だったからである。

ギリシア人の世界観において、冥界は地上の現世に優るとも劣らぬ広がりと意味（人間の闇の部分を支配する闇の力）を持っていた。しかし、だからといって、プルートーの神殿がゼウスの神殿と同じくらいポピュラーにあちこちにできていて、人々が

白い大理石で造られたリキアのサルコファガス、そのふたの部分に刻まれた2匹のスフィンクスのレリーフ。紀元前4世紀の作品（イスタンブール考古学博物館）

そこに参拝したというようなことはない。

プルートー、あるいはそれにつらなる神々の至聖所(しせいじょ)は、洞穴の中か地下にあり、祭儀は深夜あるいは少なくとも夕刻以降に行なわれた。冥界は天から隠された存在としてあった。犠牲に捧げる獣の喉の切り裂き方にしても、祈る時の掌(てのひら)の向きや、顔の向きにしても、天上の神々に祈るときとは、まるで正反対だった。

ネクロポリスは、地上の世界に突出した冥界、闇の世界だった。つまり、ネクロポリスは、単に死んだ人を記念する碑をならべただけの墓地とは、根本的にその持てる意味がちがうのだ。

古代都市の遺跡をめぐりながら、私は数多くのネクロポリスを見てきた。そのうち最も印象深いものをあげるとすれば、パムッカレ（古代名ヒエラポリス）のネクロポリスだろう。ここのネクロポリスは世界でも指折りの規模で、墓の数は一二〇〇をかぞえる。それだけの数のサルコファガスが、高原の草むらの中、長さ一キロにもわたって連なっているさまは壮観というほかはない。

古代の史書によると、ヒエラポリスには、古代世界において最も有名なプルートーの聖域があったことになっている。それは、人がやっと通れるくらいの岩穴で、そこから濃い霧状のガスが噴出していた。その岩穴の前は柵で囲われた聖域となっていたが、その床はガスのため見えないくらいだった。そこに入った生物は、人でも獣でも鳥でもみなたちどころに死んだ。唯一の例外は、キュベレーの女神（地母神）につかえる去勢者の神官で、彼らだけは神域に入っても命を失わず、ガスの噴出口に頭を突っこんで中をのぞきこんでも平気だったという。それら神官の報告によると、穴の奥には強い地下水流があったという。

これは紀元一世紀のストラボンの報告だが、同様の報告が、後代の史書にもある。

一九五八年以降、イタリアの考古学者の手によって、ヒエラポリスの発掘が大々的に行なわれた。そして、驚いたことには、ストラボンの報告そのままのプルートーの聖域を掘り出したのである。そこからはいまも強い刺激臭のガスが噴出している。このガスには一酸化炭素が含まれており、それが聖域のくぼみにたまる。そこに入った生物は酸欠で窒息死する。しかし、この現象を知っていたキュベレーの神官は、息を止めて神域を歩きまわってみせ、あたかも自分たちが神秘的な力を持つかのように見せかけたのであろうという。

面白いのは、後世、プルートーの神域の上にアポロンの神殿が建てられ、神殿の地下がプルートーの神域という構造になったことである。

つまりここでは、地上を支配する神と地下を支配する神を全く別のものとするギリシア人の世界観が、神殿の二重構造にそのまま反映したのである。

イタリアの考古学チームがここで発掘したもう一つの重要な遺跡は、使徒ピリポの殉教記念聖堂である。イエスが死んだ後、十二人の使徒は、各地に散って宣教の生涯を送った。当時、ローマ帝国はキリスト教を徹底的に迫害していたので、彼らのほとんどは殉教死をとげた。

ピリポがその娘とともに殉教したのは、このヒエラポリスにおいてだった。五世紀になって（すでにキリスト教はローマ帝国の国教になっていた）、それを記念する会堂がここに建てられた。それは八角形の部屋の周囲を八つの部屋が取り囲み、さらにその外側を三二の小部屋が取り囲んでいるという不思議な構造になっていた。

史書によると、ヒエラポリスにはピリポの墓があり、お参りする人が絶えなかったという。イタリアの考古学隊は、その墓がこの聖堂の中にあることを期待していたが、墓はどこにも発見されなかった。

ヒエラポリスの遺跡から谷をひとつへだてた小高い丘の上に、ラオディキアの遺跡がある。ヒエラポリスはトルコで指折りの観光地で、豪華なホテルがならび、観光客が絶えないのに、こちらは訪れる人とてほとんどいない。道案内の標識も完備していないために、そこにたどりつくまでに何度も道に迷って行きつ戻りつしなければなら

壊れたサルコファガスが延々とつづくヒエラポリスの
ネクロポリス

イスタンブール考古学博物館の屋外に展示されているサ
ルコファガス

なかった。正しい道がわかってみると、迷ったのも道理、こんな道に車を乗り入れて大丈夫なのだろうかと心配せざるをえないような、道ならざる道が、正しい道とわかった。我々の他に道を行くものは誰一人いなかった。ほこりまみれの道を少しのぼると、見晴しのきく丘の上に出た。はるかかなたにヒエラポリスが見えた。

丘の上は広大な野原になっていた。何もない。そこを畑として耕したらしい痕跡はあったが、こんなに石だらけの土地が畑になるのだろうかと不思議に思えた。野草がところどころ生えているだけで、あとは茫々と不毛の野が広がるばかりである。野原に足を踏み入れてみると、大理石の柱の破片などがそこここにころがっている。野原の端のほうの、巨大な穴が開いていると見えるところへ行ってみると、そこは劇場の跡なのであった。ようやく劇場の原型はとどめているものの、半分は土に埋もれていた。野原の反対側の端のほうには、崩壊したままのスタジアムがあった。野原の両端にあるそれらの埋もれかけた巨大な構造物でようやくそこが古代都市の遺跡であると知れたが、遺跡の大部分は、この野原の下に埋もれたままになっている。

いまは何もないこの荒涼とした地が、古代においては、栄華を誇った大都市だった。この地において東西と南北に走る古代の大街道が交差し、またリカス河を経て地中海にいたる水運もあった。当時ラオディキアは交通の要衝にある商都市として大いに富み栄えた。この地方の首都であり、一時はキケロがこの地方の総督になり、ここに住んだこともある。

廃墟以外何もないラオディキアの名が今も歴史に大きく残されているのは、それが古代において大きな経済的成功をおさめていたが故ではない。「ヨハネの黙示録」の宛先となった七つの教会の一つの所在地としてである。黙示録はヨハネが受けた神の啓示を七つの教会に書き送った書簡の形式をとっている。書簡は、その地の信徒一同に宛てられたものとして、教会で朗読された。

黙示録が宛てられた七つの教会は、いずれも小アジアにある当時最も栄えていた大都市の教会だった。黙示録にはラオディキアに関して有名な次のようなことばがある。

「ラオディキアにある教会の御使に、こう書きおくりなさい。

「アァメンたる者、忠実な、まことの証人、神に造られたものの根源であるかたが、次のようにいわれる。あなたは冷たくもなく、熱くもない。むしろ、冷たいか熱いかであってほしい。このように熱くもなく、冷たくもなく、なまぬるいので、あなたを口から吐き出そう。あなたは、自分は富んでいる、豊かになった、なんの不自由もないといっているが、実は、あなた自身がみじめな者、あわれむべき者、貧しい者、目の見えない者、裸な者であることに気がついていない」」

大地震で滅亡したラオディキアの遺跡。黙示録に登場する七つの教会の一つが、かつてここにあった

ラオディキアは、七つの教会の中で最も冷たいことばを浴びせかけられた不名誉な教会があった地として今も記憶されているのである。「神の口から吐き出される」とは、神から見捨てられ滅びることにほかならない。その預言が成就したのだろうか、四九四年にこの地は恐るべき大地震に見舞われ、ラオディキアは滅亡した。

そのとき以後今日にいたるまでラオディキアは滅んだままである。

黙示録は世界の終末にかかわる預言の書である。それはわずか二〇ページばかりの短い書であるが、読むたびにそのスケールの大きさに圧倒される。

この世が終末に至るプロセスが順を追って語られていく。まず七つの封印が解かれていくに従って、すさまじい災禍が地上にふりかかる。たとえば、第六の封印が解かれると、

「大地震が起こって、太陽は毛織の荒布のように黒くなり、月は全面、血のようになり、天の星は、いちじくのまだ青い実が大風に揺られて振り落とされるように、地に落ちた」

このあたりはまだ序の口である。第七の封印が解かれるとラッパを持った七人の天使が現れ、そのラッパの一吹きごとに天変地異が起こる。たとえば、

「第一の御使がラッパを吹き鳴らした。すると、血のまじった雹と火とがあらわれて、

地上に降ってきた。そして、地の三分の一が焼け、木の三分の一が焼け、また、すべての青草も焼けてしまった」

災禍はどんどんエスカレートする。太陽は地を焼き、海は死に絶え、大地は裂け、火と煙と硫黄の中で次々に人間は死に絶えていく。

やがて、この天変地異の隠された本質が明らかになってくる。この背景には、天使と悪魔の激しい戦いがあったのだ。悪魔は、七つの頭と十の角があり、その頭に七つの冠をかぶった巨大な赤い龍の形をしている。この巨大な龍は、「悪魔とか、サタンとか呼ばれ、全世界を惑わす年を経た蛇」なのだという。悪魔と天使とは、互いに死力をつくして戦いつづけ、ついにはハルマゲドンにおいて最終決戦が行なわれる。天地開闢以来の大地震と雷鳴の中で、悪魔は破れ、それによって、この地をこれまで支配していた「大いなるバビロン」「大淫婦」は死に絶える。悪魔は底知れぬ闇の中に封じこめられ、千年の間そこにとどめおかれる。その千年間、キリストと信者たちとが復活してこの世界を支配する。

話はまだ終わらない。千年経過すると、また悪魔が復活してくるのだ。

そういつまでも黙示録の筋書きにつきあってはいられないが、ともかく、次から次に奇怪な形象と現象があらわれ、人間の想像力を超絶した物語が展開していく。これ

イヴィロン修道院のカトリコンの堂内壁画。黙示録の光景が描かれている

は人類史上最高の奇書といってもいい。

私はラオディキアの野にあって、この不思議な物語のことを考えていた。ラオディキアの原風景は、遠い昔に起きた終末論的滅亡後の世界である。

たしかにラオディキアは滅亡した。しかし、世界は滅亡しなかった。黙示録が書かれてからすでに二千年近い歳月がたつというのに、世界の破滅も、ハルマゲドンの戦いも、死者の復活も、キリストの一千年支配もなかった。

では、黙示録の預言とは何であったのか。ニセ預言者の妄言(もうげん)だったというのか。それとも、預言の成就はまだまだずっと先の話だというのか。あるいは、それはリアルな未来の預言ではなく、預言の形をとった象徴主義的な警世の言葉だったというのか。

現代の信者たちは、後者と解釈している。

しかし、古代人は現代人のように、黙示録を象徴主義的に解釈しようなどとはしなかった。世界の終末は文字通り目の前に迫っていると思っていたのである。

だからこそ、彼らはあらゆる迫害に耐え、従容(しょうよう)として殉教死することもできたのである。

自分たちは、殺されても間もなく復活するのだ。生き返るのだ。

我々は死んでも死なない。終末の日には、迫害した側が裁きを受け、永遠に罰されるのだ。終末には生と死が逆転する。

これが彼らの信仰だった。

死んでも死なないと信ずることの強さが、キリスト教を度重なる迫害に耐えさせ、迫害されても迫害されても発展させていった。キリスト教徒をいくら殺しても、彼らに信仰を捨てさせることはできなかった。彼らにとって、死は復活までの仮象にすぎなかったから、命を奪うという脅しが脅しとして通用しなかったのである。

キリスト教の勝利とともに、ネクロポリスが飾りたてられる時代は終わった。死後の世界はプルートーの支配する黄泉の国ではなくなったからである。

世界観の変化が墓地の様式を変えたのである。キリスト教がローマ帝国の国教となると、古代宗教の神殿の閉鎖令が出され、やがてほとんどが破壊された。

神殿が破壊されるとともに、ギリシアの神々によって支えられていた世界の観念的な構造も崩れ去った。そしてむろん、ギリシア的冥界も消滅したのである。

マルクス主義の流行以来、観念の持つ力は不当におとしめられている。

マルクスにいわせれば、観念などというものは、物質世界が作りだした虚妄の上部構造にすぎない。物質界が観念を変えるのであって、観念が物質界を変えるのではない、という。

しかし、私には、歴史はその逆を証明しているように思える。世界観の変化は世界を変えてきたのである。

二十世紀前半のマルクス主義の成功それ自体が、ある意味ではそれを証明したといってもよい。マルクス主義のいう、歴史の必然による世界の共産主義化などというものは起こらなかったが、マルクス主義を信じた人々が世界の一定範囲を一定期間共産主義化することには確かに成功したのである。

逆に、二十世紀の終わりに起きた冷戦の終結以後、マルクス主義の一時的成功によって作られた共産主義社会の多くが、崩壊、解体していったが、そのことがまた、観念の持つ「世界変革力」を証明しているといっていいのではないだろうか。

共産主義社会を崩壊させた力には、もちろん、資本主義社会の経済的成功が共産主義社会の成功を上まわったという物質力の働きもあるが、それ以上に、その物質力をもたらした主要な源泉でもある、共産主義を悪だと信ずる人々の「観念と信念と情念のパワー」があったのではないか。

この世界には、下部構造が上部構造を作りだすという側面も確かにあるが、上部構造が下部構造を破壊したり改変していくという側面がそれに劣らずあるというのが、昔も今も歴史の教えるところではないか。

エフェソスの山中にあるキリスト教徒迫害時代の秘密墓地

「黙示録」の時代、世界の終末は来なかったが、それを信じたキリスト教徒が世界を変えたように、観念は世界を動かすことができるのである。

そして、世界を動かすような観念は、人知れず、密かに作られるのが常である。マルクスが亡命先のロンドンの図書館で資本論を書いたように、ヨハネは流刑地のパトモス島の岩窟で黙示録を書いた。

パトモス島は、ギリシアにある。といっても、エーゲ海の東端の、ほとんどトルコの沿岸の沖合といっていい場所にある。長さ一六キロ、幅一〇キロほどの小さな島である。火山性の岩山でできた島で、耕地はほとんどない。島民は約二五〇〇人。昔も今も貧しい島である。

ローマ時代、この島は小アジアからの流刑地として使われた。ヨハネが生きていた一世紀頃、ローマ皇帝は神とみなされ、神として崇拝することが帝国の臣民に強制された。キリスト教徒はこれを拒否し、自分たちの神のみが真の神であると主張しつづけたために厳しく迫害された。

そのころ、エフェソスのキリスト教徒の指導者であった使徒ヨハネ（晩年の聖母マリアの面倒を見ていたヨハネ）もそれ故に逮捕、投獄されたが、死刑をまぬがれてパトモス島に流罪となった。しかし、パトモスへの航海の途中で、船員を全部改宗させ、パトモスに着いてローマ総督に預けられるや、そこの一家をたちまち改宗させてしまったという。だから、流罪に付されたといっても、牢獄に監禁されたわけではなく、活動は自由だった。

ヨハネが黙示録に書いた終末論的啓示を受けたとされる岩窟が、島の中央にそびえる岩山の中腹にある。これは自然にできた岩窟で、そう深くはないし、広くもない。面積にして四〇平方メートルもあろうか。天井は大きな一枚岩になっているが、そこに大きな裂け目が三本走っている（目次ページ写真参照）。

黙示録によると、啓示は、「あなたが見ていることを書け」という、ラッパのように大きな声の命令ではじまったという。そのとき大音響とともに岩に裂け目が走ったのだということになっている。

いまは岩窟全体が一つの教会堂に仕立てあげられてしまっている。内部はゴテゴテに飾り立てられているので、ヨハネ時代にそこがどうであったかを想像することは難しい。しかし、この岩窟が全く自然のままのむき出しの状態で、目を上げても、荒涼とした岩山と海しか目に入らない状態であれば、黙示録を書くのにいかにもふさわしい場所であったという気がしてくる。

何より黙示録にふさわしいと思われたのは、ヨハネの肖像画である。215ページの図

ヨハネが啓示を受けた岩窟

パトモス島（ギリシア）の聖ヨハネ修道院に残されている、聖ヨハネの肖像

は、この島にある聖ヨハネ修道院が所蔵する古い肖像画のコピーだが、何とも異形の人物である。この額の上のおわんを伏せたようにふくらんだ部分は何なのだろうか。そして、その先端に見えるものは何なのか。ヨハネの古い肖像は、この他にもイコンや壁画の形で何点か残っているが、申し合わせたように、このおでこの奇妙なふくらみが描かれている。

これらのヨハネの肖像が単に絵描きの想像力だけで描かれたものなのか、それとも何らかの伝承を根拠としているのか、具体的には知らないが、これだけ多くのイコンでイメージが一致しているところを見ると、多分何らかの根拠があったのだろう。この異形の人をじっと見ていると、いかにも、これが黙示録を書いたヨハネにちがいないという気がしてくる。

黙示録の全篇を貫いているのは、世界はどんどん悪化する一方だという確信である。世の中はよくなりつつあるという進歩の観念などかけらも存在しない。世界が悪くなる一方であればこそ終末に行きつく道理である。

世界が悪化するのはどう止めようもない。したがって、いくらかでも世の中をよくしようなどという考えは全くない。皆が世の中を少しでもよくしようと努力すれば、やがて次第に悪は敗北して、世界は明るくなる、などという道学者的見解とは正反対に、悪はどんどん栄える、終末まで栄えつづけるとヨハネは確信した。

たとえば悪魔が怪獣を生むと、全地の人がそれを拝み、それに従う。その獣は聖徒に戦いを挑んでこれに勝つことが許される。さらにその怪獣には、すべての部族、民族、国語、国民を支配する権威が与えられる。

やがてあらゆる民族の上に「大淫婦」が座るようになり、地の王たちはこの大淫婦と姦淫を行ない、地に住む人々はこの大淫婦の姦淫のぶどう酒に酔いしれる。

この世はついに、悪魔の住むところにして、あらゆる汚れた霊の巣窟たる「大いなるバビロン」と化す。

その大いなるバビロンにおいて、終末のときがくるまで、

「不義なる者はさらに不義を行ない、汚れた者はさらに汚れたことを行なうにまかせよ」

とヨハネはいう。悪がより支配的になっていく世界を全く突き放しているのである。

しかし、その後にこうもつづく。

「義なる者はさらに義を行ない、聖なる者はさらに聖なることを行なうにまかせよ」

修道院の発想の原点はここにある。世の不義なる者、汚れた者はそのままに放っておき、自分たちだけはそうした悪の世界から隔離されて、義にして聖なる生活をつづ

聖ヨハネ修道院の壁画。死者たちの復活の図である。終末論信仰は死者の復活信仰でもあった

けていこうという発想である。修道士の最大の関心事は、自分と神との関係にあって、自分と他人との関係などはほとんど眼中にない。

アトス山に入って修道院めぐりをしたとき、私は修道士たちから神の教えを聞かされたり、いろいろ説教じみた指導があるのではないかと思っていた。しかし、予想に反して、そういうことはいっさいなかった。

修道士たちは、来訪者たちに本質的に無関心なのである。一夜の宿の面倒は親切にみてくれる。だが、それだけである。

修道院はどれもほぼ同じ構造をしている。巨大な長方形をなすように建物がつらなり、まん中に大きな中庭がある。そこにカトリコンと呼ばれる教会堂がある。カトリコンは、前庭部分の外壁と内部の壁が壁画、天井画でビッシリ埋められているのが普通である。それに加えて、数々のイコンがあり、アトス山は全山ビザンティン美術の世界最大の宝庫といわれている。

残念ながら、そのほとんどすべてが撮影禁止である。撮影どころか、訪問客がカトリコンの中に入ることができる時間はきわめて限られている。入る機会があっても細部をゆっくり鑑賞するひまなど全くない。ほとんどすぐに外に出なければならない。

カトリコンに入ることが許される稀（まれ）な機会というのは、一日に八回ある礼拝（奉神礼）のときである。修道院の生活時間のほとんどが、神を賛美し、祈りをささげるために費やされている。多少の労働や読書などに費やされる時間もないではないが、ほとんどの時間が神を思い（瞑想）、神を賛美するために費やされている。その礼拝には、訪問客も参加することが許されている。訪問客のほとんどは、ギリシアの各地からやってきた熱心なギリシア正教の信徒たちだから、ほとんどが参加する。

はしがきで紹介した「神のための音楽」に、このとき礼拝に参加した体験を書いているから、ここに引いておく。

「アトスでは、一日八回、三時間おきに典礼が行なわれている。朝から晩まで、真夜中にいたるまでやっているのである。祝祭日の前には、徹夜の典礼が行なわれる。生活の中心は典礼、すなわち神を賛美し、神に祈ることにおいてある。これは、ギリシア正教だけの習慣ではなく、カトリックの修道院でも、一日八回の礼拝がおこなわれ、聖務日課と呼ばれている。これは初期キリスト教時代からひきつがれてきた習慣なのである。

私はアトスを訪れる以前に、東方教会の典礼を何度か見ている。といっても、見物人としてつまみ食い的に見てきたにすぎない。しかし、アトスでは、訪問者はすべて巡礼者というたてまえであるから、できるかぎり典礼に参加することが要請される。

「最後の審判」のフレスコ画。キリストが、救済する魂と地獄に
堕ちる魂とを審判しているところ（カーリエ博物館）

黙示録を題材にして描かれたカトリコンの壁画（アトス・イヴィロン修道院）

むろん、修道士と同じように、一日八回の典礼に参加せよというのではないが、少なくとも、一日の典礼のうちで最も重要視されている午後六時ごろの晩課（晩禱）には参加しなければならない。ちなみに、ビザンティン（東ローマ帝国）の伝統では、この時刻が一日のはじまりとされている（アトスでは時間も月日の数え方もビザンティン様式なのである）。

私はそれまで東方教会に興味は持っていても、典礼がどうとりおこなわれ、参会者はどう行動すればよいかなど何も知らなかった。仕方なく、他の巡礼たちの行動を横目で見ながら、見様見真似でなんとか切り抜けた。そうして典礼のはじめから終わりまで付きあってみて、あらためて東方教会の典礼の神秘的美しさに打たれた。そのため翌朝は、午前三時に起きて、真暗闇の中でほんの数本のロウソクの明かりだけを頼りにおこなわれる「早課」にも参加した」

ここで、早課、晩課と書いたのは、西方教会の聖務日課の数え方で、東方教会の場合は、微妙にちがう。そもそも、東方教会と西方教会では用いている暦がちがう。

西方教会では、一般社会で用いられていると同じグレゴリオ暦が使われているが、東方教会では、東ローマ帝国と同じ、ユリウス暦が使われている。両者は百年ごとに約一日ずれてしまうが、うるう月を入れて調整するなどということはしていない。だから、すでに十三日以上ずれているが、そのままにしてある。一日は日没とともにはじまることになっているから、晩課がその日の最初の礼拝となる。これが最重要の礼拝なのである。

礼拝はここに書いたように薄暗がりの中で行なわれ、典礼としてどんどん進行していくから、教会堂の中のイコンを、目をこらして見ている暇など全くない。目をこらしても照明がないからよくわからない。もちろんフラッシュをたいて写真を撮るなどということは全く許されていない。

唯一の例外はカトリコンの外壁の壁画である。ここは撮影を許してくれるところがかなりあるし、フラッシュなしで自然光で撮れる。それを撮影しているうちに面白いことに気がついた。私の見た限りでは、それがすべて黙示録の図解だったのである。

黙示録には、「六つの翼があり、その翼のまわりも内側も目で満たされている生き物」とか、「七つの角と七つの目のある小羊」とか、奇怪な形象が次々に登場してくる。活字で読んでいるときは想像力が追いつかず、その奇怪なイメージを充分に把握することができなかった。しかしそれが、一つひとつ壁画で目の前に図解されてみると、奇怪とは思っていたが、これほど奇怪であったのかと、あらためて驚かされた。

修道院の信仰生活の中心であるカトリコンの外壁に、そうした奇怪なイメージをつられて黙示録を描くということは、それ自体が修道院における黙示録信仰の重要性を物語っている。

もし世界の終末も、最後の審判も、死者の復活もないならば、「私たちは飲み食いしようではないか。明日もわからぬ命なのだから」と、聖書にもある。修道院の禁欲生活など意味がないことになってしまう。修道院に終末論は不可欠なのである。

修道士にとって修道院の外の世界は、いまだに「大淫婦（だいいんぷ）の支配する大いなるバビロン」なのである。そして訪問者は、「大いなるバビロン」からやってきた旅人にすぎないから、修道士は本質的に関心を持たないのである。

客観的に評価すれば、アトスは衰微（すいび）しつつあり、「大いなるバビロン」の悪徳はこれまでにも増して栄えつつある。

しかし、黙示録的世界観からすると、まさにそのことが、終末の接近の証明になる。終末はバビロンの栄華の極にやってくるからだ。悪徳が極限まで栄えた後に、再臨のキリストが、

「わたしはアルパでありオメガである。最初の者であり、最後の者である。初めであり、終わりである」

といって、姿をあらわすはずなのである。

終章

終末後の世界

最初にミレトス（6ページ⑭）の遺跡を訪ねたのは、一九七二年、一人で地中海周辺を貧乏旅行していたときだった。イスタンブールで飛行機を降りて、あとはバスを乗りつぎながら、トルコ国内を約一カ月かけて大きく一周した。トロイ、カッパドキア、エフェソス、ペルガモンなど、忘れがたいところはいろいろあったが、中でも印象深かったのがミレトスだった。

ミレトスには前から思い入れがあり、ぜひ行ってみたいと思っていた。なぜミレトスに思い入れがあったのかというと、そこが、古代ギリシアの哲学者タレスを生んだ都市国家（ポリス）だったからだ。

私はそのころ、つい二年前まで東大の哲学科の学生をしていた貧乏フリージャーナリストだった。まだ哲学科の学生の気分が十分に抜けていなかったから、世界最初の哲学者といわれるタレスが生まれ活動した地を、この目でぜひ見てみたいと思ったのである。

哲学科で全学生必修の課目というと、まずは哲学概論と哲学史である。哲学概論はつまらなかったが、哲学史は無上に面白かったので、哲学史と名の付く書物を書店、古書店で片端から手にとってみた。どの哲学史も、例外なく最初の哲学者として名をあげていたのが、ミレトスのタレスだった。

最初の哲学者といっても、たいしたことをいったわけではない。「万物のもとは水である」というのが、タレスを有名にした彼の最初の哲学的命題だった。もとより、万物のもとが水であるわけはないから、これは客観的には誤った認識である。現代はもちろん、古代においても、こんなことを大真面目にいう人がいたら、頭が少々おかしいと思われるのがオチだろう。

それがタレスの場合そうはならず、逆に哲学の始祖とあがめられることになったのはなぜか？　そんな素朴な疑問を持っていた。

ところが、ミレトスにたどりついてみると、たちまちそのタレスの言葉に納得がいった。なるほど、こんなところに住んでいたら、「万物のもとは水である」と思ったにちがいない、と思うような原風景がそこに広がっていたのである。

そのあたり一帯、葦のようなイネ科系の雑草が見渡す限り生えているだけの茫々たる野原だった（231ページ下）。そこに、巨大な古代ギリシア風の野外劇場が半分くずれかけた状態で、まるで忘れ去られたように横たわっていた。資料によるとこの劇場は、座席数が一万五千もあったというから、ギリシア本土の有名劇場とくらべてもいささかもひけをとらない大きさである。

劇場をのぞくと、あとは目路の限り何もない。季節は春先で、まだ風が冷たかった。

エフェソスのような有名遺跡ならいつでも観光客の姿が絶えないが、ここには観光客など一人もいなかった。遺跡の管理人がいるわけでもない。付近に住民の姿が見かけられるわけでもなかった。ただ索漠(さくばく)たる風景が広がっていた。

せっかく来たのだからと思って、劇場の内部を少し丹念に見てから、まわりを少し歩いてみた。すると、劇場からちょっと離れると、その辺のいたるところに劇場のこわれた建材のかけらがころがっていて、まわりは、薄く水が張った水たまりのようになっていた。そのあたり、昔の道か、広場であったらしく、あちこちに大きめの石がころがっていた。石や建材の上を飛び石を踏むようにしていくと、クツをほとんどぬらさずに歩いていけた。そのうち劇場からどんどん離れ、劇場は薄い水たまりの向こうに遠く片鱗(へんりん)が見えるだけという感じになった。

ベネチアとはだいぶおもむきがちがうが、ここも一種の水の都という感じがした。そのとき、タレスの「万物のもとは水である」の一語が思いだされて、なるほどと納得がいったのである。

後で手に入れた、アンカラ大学考古学教授（エクレム・アクルガル氏）が書いたトルコの全遺跡の解説書“Ancient Civilizations and Ruins of Turkey”を見ていたら、238ページ右上の図に示したような昔のミレトスの町の地図がのっていた。劇場はこの地

ミレトスの劇場からエーゲ海方面を望む。客席中央の2本の柱のあいだは貴賓席が置かれていたところ

雑草の茂る沼地の向こうにミレトスの劇場が見える

図を見ればわかるように、港のまさに入口のところに位置していたわけだ。劇場の正面は現在でも高さ三〇メートル、幅一四〇メートルあるが、かつては、それに最上階のギャラリーがあり、それを合わせると高さ四〇メートルあったという。港に入ってくる船は、遠くからこの劇場が見えたので、ミレトスは劇場がある港として有名だった。

この地図でいうと、ミレトスには、西側のそれぞれ湾になった部分に三つの港があり、東側にもう一つの港を持つ大港湾都市だった。そのうち一番主要な港は、西北部の食いこみが深い湾で、湾の入口には石造りのライオン像が二頭配され、そこを鉄鎖で結ぶと港を封鎖できるようになっていたので、ライオン湾と呼ばれていた。この湾は海軍の軍船がひそむのにいい基地になっていた。地図に見るように、この湾の奥にある巨大な波止場はそのままシティセンターにつながっていた。アゴラと呼ばれる大きなマーケット広場がこの市には、北、西、南と三つもあった。

人口は二万数千人だったといわれるが、交易やディディマ参詣(さんけい)で訪れる商人、業者、旅行者が非常に多く、非居住者人口をいれると、おそらく常時三万人をこえる人がいたと思われる。経済活動は、古代地中海世界で指おりかぞえるほど活発で、一時はアテネを凌駕(りょうが)するといわれるほど富み栄えていた。ミレトスがどれほど栄えていたかは、

238ページ左上に示したシティセンターの中心部分の地図と、238ページ下のその復元模型を一目見ればすぐわかるだろう。

今のミレトスには、復元模型にあるようなものは全く見られない。先に述べたように、現在のミレトスは野原の中に突然ドンと巨大な劇場がころがり、その周辺が水びたしになっているという、何か異様な光景なのである。

ミレトスになにが起きたのか。ミレトスは昔、海に面していたが、近くを流れるメアンデル河が毎年氾濫(はんらん)を起こす大河で、その運んでくる土砂が年々堆積した。海は次第に遠ざかり、ついに港が港として機能しなくなってしまったのである。今ではミレトスの遺跡は海から一五キロ以上も離れてしまっている。海から離れてしまったために、かつて古代ギリシアで最も栄えていた港湾通商都市が、完全に死んだ町になってしまったのである。

自然のもたらす環境変化に耐えられなかったことが、いま見るミレトスの遺跡が、ひたすらわびしい理由なのだ。

ミレトスの遺跡発掘はドイツの学者がほぼ独占的に行ない、出土しためぼしいものは、どんどんドイツに持ち帰ってしまった。その最も良質のものはいま、ベルリンのペルガモン博物館にある。

南アゴラの北東にあったアゴラ門(ペルガモン博物館)

たとえば前ページの写真に示すような実に見事な石造り二階建ての三つの通路を持つゲートである。これはもともとミレトス最大のアゴラであった南アゴラ（マーケット広場）であった南アゴラ（238ページの地図を参照）の北東の隅にあったゲートなのである（地図上で、Ⓐの印が付されている）。

このゲートはこれだけ大きく立派なものだが、地図で見ると、南アゴラの一画のほんの小さな部分でしかない。この門の立派さから逆に、アゴラ全体がどれほど壮大であったか、そしてそれを含むミレトスという町全体がどれほどの巨大都市であったか容易に想像がつくだろう。こういうものが現場からもっていかれてしまっては、いくら遺跡の現場に行って想像をたくましくしても、往時のミレトスがどれほどすごい町であったかわかるはずもない。

ベルリンでこれを見たとき、私はミレトスの遺跡で何もない野原を見渡し、風に吹かれながら、「何もない。何も残っていない」と頭の中でくり返したときのことを思ってタメ息が出た。私はミレトスの遺跡で見るべきものをほとんど何も見ていなかったということなのだ。

話をミレトスの遺跡の現場に戻す。野外劇場のまわりでは、薄い水たまりの下にすけて見えるようにして昔の街路がところどころ残っているのがわかった。それを見ても、この町が、かつて相当立派に作られた町であったことがうかがえた。238ページの地図を見ればわかるように、この町は街路がきちんと区画されており、何らかの都市計画にもとづいて作られた町であることが一見してわかる。伝承によると、この町を設計したのは、世界最初の都市計画家といわれるミレトスのヒッポダモスである。美しい街路を持つことで知られるアテネ近くの港町ピレウスも、ロードス島のリンドスの町も、彼の都市計画に従って作られたとされる。

ミレトスは、当時ギリシア世界で最も文化が進んでいた町だったから、ユニークな才能がある人が輩出していた。たとえば、世界地図を最初に作ったのも、ミレトスの人だった。世界地図を描いたいちばん最初の人はタレスの弟子の自然哲学者アナクシマンドロスであったといわれるが、その地図は残っていない。そのあと、自然哲学者で地理学者でもあったヘカタイオスが、それに手を加えて、より完全にしたものが現在でも残っており、これが世界最初の本格的世界地図といわれる（239ページ）。かなり珍妙なものではあるが、かなり当っているともいえる、妙なものである。これでわかるのは、彼らは、世界の中心（地図の中央部）が小アジアだと思っていたということである。どんな国の人も、自国を世界地図の真ん中に置くものだから、それ自体は不思議でないが、小アジアを中心に描いたので、東のほうは、黒海、カスピ海までカ

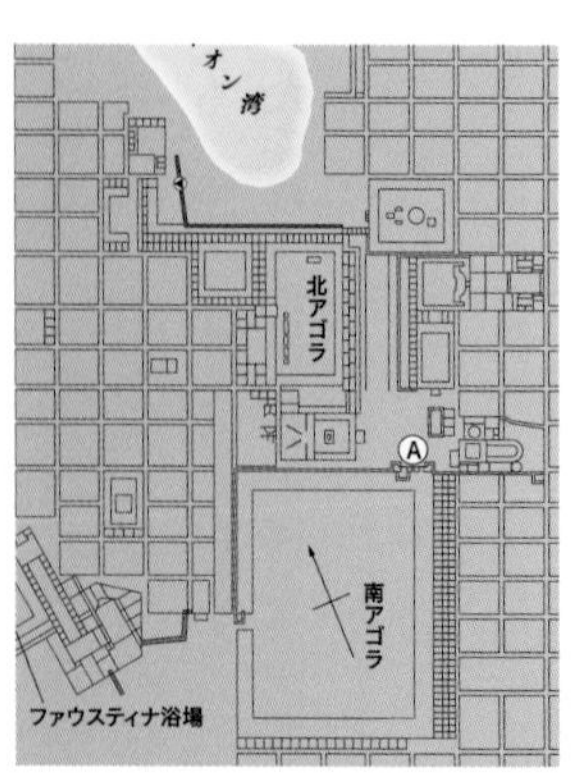

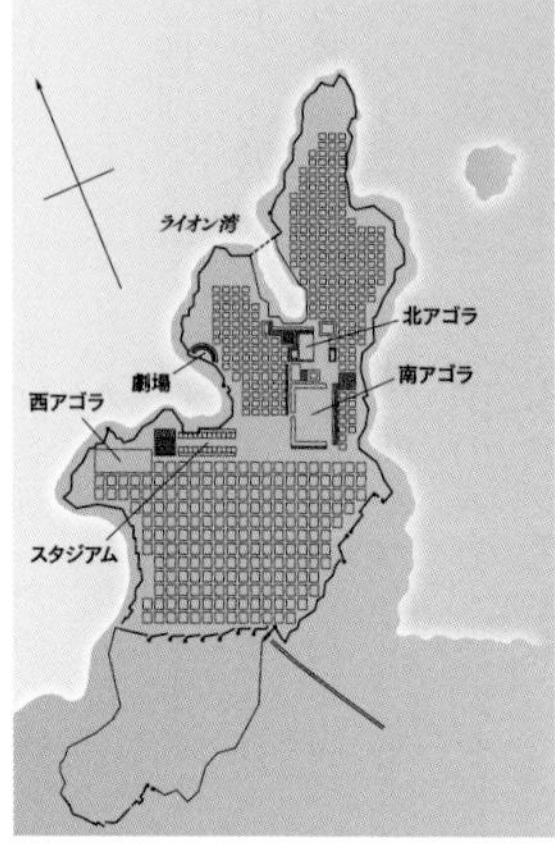

ミレトス全図（右）とシティセンター（左）
（Ekrem Akurgal "Ancient Civilizations and Ruins of Turkey" より作成）

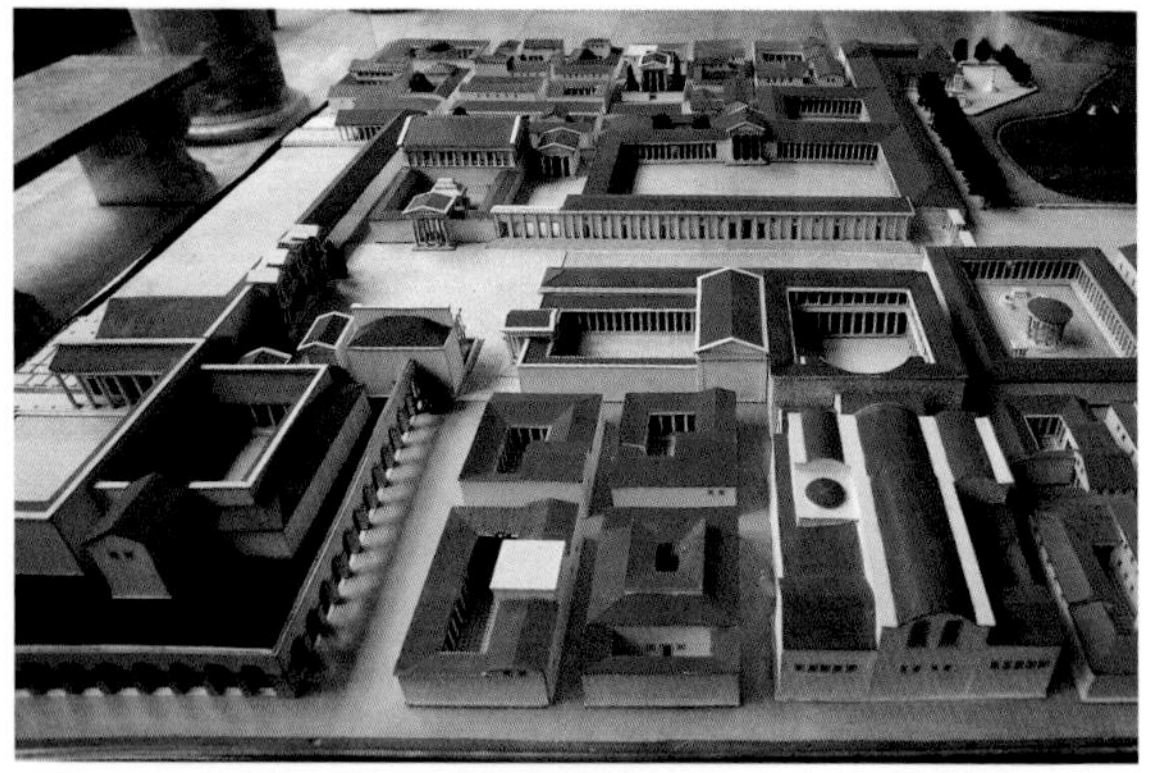

シティセンターの復元模型（ペルガモン博物館）

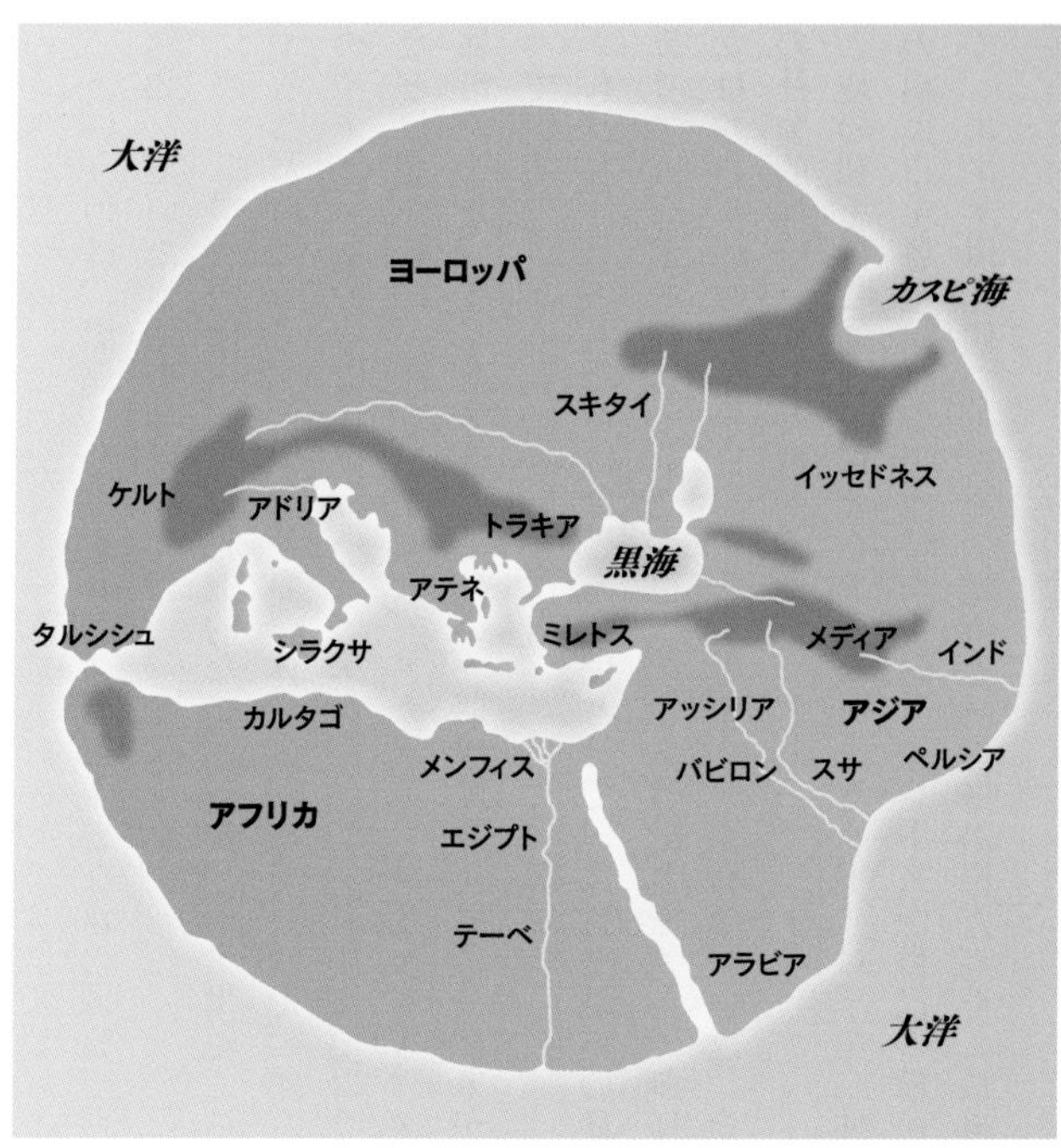

ヘカタイオスの世界地図

バーされている。これはミレトスの人にとって大きな意味を持っていた。というのは、黒海こそ、ミレトスの最重要な富の源泉であり、ミレトス人の多くが熟知していた地域だったからだ。

ギリシア文明は、本土の先進的な諸都市が、前十世紀ごろから各地に植民市を建設することによって、地中海世界全体に広がっていった。第一世代の植民市は小アジアのイオニア地方、南イタリア、シチリア島、あるいは南フランス（マルセイユ周辺）などに築かれた。送り出す側は、アカイア、コリントス、メガラ、アテネなどの先進都市だった。ミレトスは、この第一期植民時代に、アテネが作った植民市がもとになっている。

もともとそのあたりには、先住民として、クレタからの移住者、小アジア原住民のカリア人などが住んでいたが、アテネ人はそれを武力で制圧し、男をみな殺しにした。女は殺さず奴隷的情婦にして子供を産ませ家庭を築いた。そのため、ミレトスの女性の社会的地位はずっと低かったといわれる。

地の利を得て通商都市として発展したミレトスは、第二期植民時代に入ると、自らの植民市を各地に持つようになった。ミレトスが自己の植民市を築いたのは、主として、エーゲ海北側のトラキア地方と、黒海沿岸だった（最盛期には、エジプトにもシリア沿岸にも植民市を持ったといわれる）。特に黒海沿岸は、ミレトスの植民市が圧倒的に多かった。ミレトスの植民市はその数五〇とも、七〇ともいわれ、いちばん多い見つもりでは百あったといわれるが、その大半は黒海沿岸にあった。

　ミレトスは、強い軍事力を持っていたので、黒海への入口にあたるダーダネルス海峡を扼（やく）すことができるという有利な立場を利用して、黒海の制海権をにぎり、ほとんど独占的といっていいほどの勢いで多くの植民市を黒海沿岸に築いていった。

　植民市を作ると、それらの市は例外なく「母国」たる親市と深い経済関係を結ぶから、植民市を作れば作るほど、ミレトスはそれらの都市の交易の中心都市として重きをなすことになり、急速に経済的に発展していった。

　そこにおいて何より重要だったのは、ミレトスの海運力、軍事力もさることながら、ミレトスの金融力だった。

　このころ、世界ははじめて、本格的な貨幣経済に入った。経済が物々交換経済から、貨幣経済になったということは、人類史の最も大きな曲がり角の一つを曲がったということである。それはインパクトの大きさにおいて、文字の使用開始と同じくらい大きなものを人類に与えたといって過言ではない。

　貨幣の導入によって、人類の経済活動は、一挙に何倍にもふくれあがった。貨幣が

建築が始まった紀元前4世紀の収容人員は5000人程度であったが、増築を重ねて3倍以上の規模を持つ大劇場となった

導入されると、実需以上に貨幣の蓄積という形の富の拡大を目ざす仮需（思惑商取引）が経済活動の新しい主役として登場してくる。それが経済活動を何倍にもふくれあがらせるのである。貨幣は経済活動にさまざまの便宜を与えるが、便宜以上にこの経済活動の拡大作用が大きな意味を持つ。

それは経済世界全体を拡大活性化するが、なかでも貨幣発行を行なう経済主体（国家）に大きな発行益を与え、その国の経済活動を活発化する。それがミレトスに起きたことで、ミレトスの植民市が一挙に百をこすほどにふえていった最大の理由もそこにある。

ミレトスは、最初の通貨発行国ではなかったが、世界で二番目の通貨発行国となり、この時期の国際経済において、決定的に大きな役割を演じた。ミレトスはもともと大港湾都市国家で、有数の通商船隊と海軍力を持っており、それに金融力が結びついたので、たちまち史上最強の通商国家になったのである。

246ページ上の列の写真を見ていただきたいが、これが、ミレトスが前五七〇年ころから発行していた、一スタテルのエレクトラム貨である。エレクトラムというのは、金と銀が約三対一でまじりあった自然の合金で、以前から自然通貨として、重さを計りながら通貨として利用されていた。ミレトスは、これを一定の重量（一スタテルは一四・一グラム）の標準コインに成形した上で、ミレトス市のシンボルであるライオン像を刻印することで、信用力ある国際通貨として地中海世界一帯に流通させることに成功したのである。

これ以前に、国際的に流通していた貨幣としては、ミレトスの隣国であるリディアが発行した金貨とエレクトラム貨（246ページ下の列の写真）しかない。

基本的にはミレトスは、リディアのコインをまねたのであるが、リディアが内陸国家で、あまり広く商業活動を営んでいなかったから貨幣の流通量をふやせなかったのに対して、ミレトスは、エーゲ海随一の通商港湾都市として自ら手広く国際的な商業活動を営んでいたから、あっという間にミレトスの貨幣を国際的に流通させることに成功し、ミレトスは金融大国になっていった。この時代のミレトスは、通貨の力をかりて、あちこちに植民市をつくり、その母国として、通商関係の中心に立ち、さらに強大な海軍力をもって、一種の海上帝国を築いていったのである。

当時のミレトスは、十九世紀から二十世紀にかけてのイギリスが、七つの海に広がる植民地のネットワークと大海軍力の上に大帝国を築き、英ポンドを世界通貨として世界の富をかき集めたのと似たような存在、あるいは現代のアメリカが、ドルの力と軍事力で世界帝国を築いているのと似たような存在に、古代世界でなっていったので

ミレトスのエレクトラム貨(上)とリディアの貨幣(下)
(Peter Levi “Atlas of the Greek World” より)

昔と今のミレトス(Kathleen Freeman “Greek City-States” より作成)

ミレトスのファウスティナ浴場跡。2世紀にマルクス・アウレリウス帝の妃ファウスティナの援助によって建設された。モザイクで装飾された浴場は、アポロンやミューズなどの神像が飾られ、脱衣所、温浴室、発汗室などがあった。この写真は冷浴室で、中央の長方形は浴槽だった

ある。

このようなミレトスの最盛期のころ、つまり、紀元前六世紀のころと今とでは、当時のミレトス周辺の海岸線は全くちがったものになっている。

ミレトス周辺の海岸線がどうだったかを示すと246ページ下の図のようになる。斜線をほどこした部分は、むかし海域だったところである。そこはその後、メアンデル河の運んでくる土砂で埋まってしまって、今は陸地（沼地）になってしまっているところだ。現在のミレトスの遺跡はそのすぐそばにある。見ればわかるように、今は陸地になっている遺跡の周辺は、昔きわめて大きな湾だったのである。ラトモス湾と呼ばれていたこの湾は、ほとんど東京湾くらい大きな湾だったのである。そして、ミレトスは、その湾口を制するような形で、海に突き出した半島のようなところにあった。東京湾でいえば、ミレトスは横須賀か館山のような位置にあったと考えればいい。軍事的にも経済的にも、ここが絶好の戦略的拠点だったことは一目でわかる。ミレトスの繁栄はこのような地理的好条件のおかげもあったのである。

そして、その後に起きたことは、東京湾でいえば、隅田川が運ぶ土砂で、東京湾が丸ごと埋まってしまうような事態だったのである。土砂で埋まったこのあたり一帯は、必ずしも完全な陸地にならず、半分沼地のような土地になった。これが、現在のミレトスの野外劇場周辺でも、うっすら水たまりが広がったような状態になっている理由である。

ここで、タレスという不思議な人物について語っておく。まずは世界初の哲学的命題といわれる、「万物のもとは水である」についてである。

ともかく、タレスがこんなおかしなことを述べると、そのような日常言語の文脈をこえた言語表現の世界に魅せられ、この命題に特別の意味を感じとって、「ウーン、なるほど」とうなずく人も出たし、逆に「万物のもとは水ではなくて、本当は〇〇だ」と、似たような形式の別の主張をする人々もあらわれた。

そして、どの主張が正しいかをめぐって議論をたたかわす一群の人々がタレスの周囲にあらわれた。そのような集団が出現したことが、哲学がはじまったといわれるようになったことの実体だろうと思う。

つまり、タレスの「万物のもとは水」というコメントの内容が高く評価されて、彼が哲学の始祖呼ばわりされたというよりも、タレスのこのコメントによって、一つの独特なものの考え方の範型が示され、それに刺激され、それにならって、あるいはそれに反発したりして、ものごとをより深く考え、議論をたたかわす一群の人々が生み出されたこと、その全体が評価されて、タレスが哲学の始祖呼ばわりされるようになったということだろうと思う。

ここで大事なのは、哲学は、単独者の個人的な知的営為として成立するのではなく、複数者の交わす議論の中に成立するということである。

つまり、哲学というのは、本質的にディアレクティケなのである。ディアレクティケというと日本ではすぐに弁証法と訳してしまうが、これは本来の意味に戻って、対話と訳したほうがいい。何人かの人間が議論をたたかわせるような仕方で対話すると、自然に話の内容は発展していくものである。これが弁証法なのである。要するにAとBがお互いの主張をぶつけ合わせると、両者の主張のいい所を合わせて、両者とも納得できる第三の主張Cにいたるということである。

ミレトスのタレスの場合、その教えが問答の形で残っているわけではないが、弟子たちがおり、スクール（学派）ができていた。弟子の代表格としては、たとえば、アナクシメネスがおり、「万物のもとは空気である」と主張した。彼は、空気が希薄化したり、濃厚化することで万物が生ずるのだとした。空気がフェルト状に緊密化するとまず雲ができあがり、さらに水ができる。そして空気がさらにいっそう緊密化すると大地ができ、さらに緊密化がすすむと石になるとした。

「万物のもとが空気」などというと、タレス以上にいいかげんなことを主張している

崩壊した建造物の石材が放置されていた

238ページ下の復元模型上に示された港の記念碑。紀元前31年のアクティウム海戦の勝利を記念し、丸い台座を持つ高さ7.5メートルのモニュメントが建てられた

ように聞こえるかもしれないが、実はこのように、「万物のもと」がどのようにすれば、実際に「現象界の万物」になっていくかを考え、それなりの説明を与えていたのである。

ここで、「万物のもとは空気である」と訳した「もと」とは、ギリシア語で「アルケー」といい、「始原」「根源」と訳してもいいし、「原理」と訳してもいい言葉である。要するに、哲学は「万物の「アルケー」探し」、「第一原理の探求」からはじまったということである。

それなりの説明を与えていたのはタレスの「万物のもとは水」にしても同じことで、タレスのオリジナルの教えは、そのワン・センテンスで完結していたわけではない。オリジナルはもう少し内容があって、水がどのようにして万物になるかの説明があったとされている。タレスの万物の始原に関するオリジナルな著作は残っていないが、古代においては、全二巻ないし全三巻の『元(もと)のもの(始原)について』という書があったとされる。それを引用して書いたガレノス(二世紀の人。ペルガモン生まれ。古代から中世にかけて医学の最高権威とされた)の一文によると、原著では、水だけを自然の基本要素とせず、他にもいくつかの基本要素があって、それが混合することで万物ができたとされていたという。

アナクシメネスより、ずっと深いレベルまで考えをすすめたのがアナクシマンドロスである。彼は、万物のもとは「規定できないもの（ト・アペイロン）」であるといい、またそれはそれ故（ゆえ）に「限りのないもの」であるともいっていた。

この「規定できないもの（ト・アペイロン）」が万物の基礎をなすというのは、大変面白い考え方で、現代物理学の最先端も、この「万物のアルケー」としての「ト・アペイロン」探しを延々とつづけているといってもいい。

「ト・アペイロン」には、しばしば「規定できないもの」、「無限なるもの」などの訳語があてられているが、原義は「「限り、限界、境界、限定」がないもの」の意味で、無規定と無限の両方の意味を含んでいる。訳語としてはどちらをあててもいいともいえるし、「無規定にして無限なるもの」と両方の意味を含ませたほうがいいともいえる。ちなみに、英語の訳語は“infinit”で、無規定と無限の両方の意味が含まれている。

現代物理学における「万物のアルケー」探しは、結局のところ、物質の根源粒子である素粒子とは何か、そしてそれはどのようにして誕生したのかという問題に還元されてくる。

物理学の根源粒子の探求は、原子の発見にいたり、さらに原子の内部構造の探求に進み、原子核の発見にいたった。次いで、原子核の内部構造の探求に進み、それは陽子、中性子、中間子の発見にいたった。そしてさらにはその根源粒子であるクォークの世界にまで行きついた。

最近では、クォークの世界を構成するさらなる根源構造の世界を解明すべく超弦理論などという難解な理論が提案されている。それは究極の物質構造の根底にあるものは、極限的に微小（プランク長。10のマイナス35乗メートル）で、それ故に数量的にはほとんど無限に多数の弦（モノとしての弦ではなく、弦の性質を持った存在）であるという理論で、その弦がどのようなものであるかは、いかなる言語表現によっても規定することができず、十次元ないし二十六次元の数理的モデルによって表現するしかないという、まさにト・アペイロン的世界そのものになりつつある。

また、「万物のアルケー」については時間軸上のアルケー（始原）を考えることも必要になるが、時間軸上のアルケーとは、現代物理学では、ビッグ・バンを指すことになる。ビッグ・バンの直後、生まれたばかりの宇宙は、クォークの海にひたっており、それがわずか百万分の一秒後には、陽子、中性子、中間子などの素粒子がいっせいに生まれてきたことになっており、このあたり、素粒子論と宇宙誕生論は重なり合った世界になっている。もともと、哲学は自然哲学として誕生した。そして、創生期の自然哲学は、ある意味で科学そのものだったということである。

238ページの地図で示された北アゴラ跡。写真奥の建物は一部復元された列柱廊

しかし哲学の世界では、あっという間に、自然哲学が主流だった時代は終わりをとげてしまう。

すぐに、自然に即してものを考える代わりに、頭からひねり出した抽象概念をこねくりまわす思弁哲学が主流の時代になってしまう。そして、思弁（もっぱら頭の中で抽象概念をこねくりまわすこと）が、哲学の王道になってしまい、自然哲学（自然に即して、「自然の理」ならびに「自然の営み」と「自然のよってきたるところ」を考える）は、哲学の傍流として押しのけられてしまうのである。ここから人間の知の世界の迷宮入りの時代がはじまる。

人間の知が迷宮を脱する、すなわち、自然哲学が復権するのは、自然哲学が自然科学と名前を変えて、人間の知的営みの一つの重要な柱として自立していく十八世紀以後ではないだろうか。

十九世紀から二十世紀にかけて、人間の知的営みにおける思弁哲学と自然科学の重みは次第に逆転しはじめる。二十世紀後半以後の現代になると、もはや思弁哲学が真理に到達するための王道などと考える人はきわめて少数の風変わりな人々にかぎられてしまっている。

特に、「万物のアルケー探し」などというかつての哲学の最大の戦略目標に挑む知的作業は、自然科学の一手専売になってしまったかの観がある。

さてミレトスの時代に話を戻す。アナクシメネス、アナクシマンドロスの二人はいずれもミレトスの人であり、タレスと合わせて三人をミレトス学派といい、これが世界最初の哲学学派とされている。ソクラテス、プラトンの時代より百年以上前のことである。

哲学の歴史でいちばん面白いのは、実はこのあたりなのである。ソクラテス以前の初期哲学者たちがそれぞれに勝手なことをいいあっていた時代である。タレスのように大胆かつ、人にホホウと思わせる要素を持つさまざまな言説をなす者がギリシア各地に次々にあらわれて、さまざまな主題について驚くほど自由闊達な議論があちこちでくり広げられていた。

それはいわゆる哲学以前の時代であって、まだ誰も体系化した学説を作るとか、それを大部な著書にまとめて発表するとか、学校でそれを弟子たちに講釈するといったことがはじめられる以前の時代である。哲学が体系的になり、組織的な教授がはじまるのは、プラトン、アリストテレスの時代（前五世紀〜前四世紀）以後である。

プラトンもアリストテレスも大部の全集（日本語版でいうと、プラトン全集は全一六巻。アリストテレス全集は全二一巻＝いずれも岩波書店）を残したが、ソクラテス以前の

ミレトスの隣国だったリディアの首都サルディスに残るアルテミス神殿。この神殿はアレクサンドロス大王によって再建されたもの

初期哲学者には、まとまった著作がなく、後世あるいは同時代の人が、さまざまな書物の中に「この人はこう語った」という形で書き残した断片的な言説が残っているだけである。

古代の書物をすべて渉猟した上で、すべての断片を拾いあげて集大成した本として、ドイツのディールスとクランツによる『ソクラテス以前哲学者断片集』がある。日本では久しく、その断片集の断片（本文一三〇ページほどの抄訳が一九五八年に出た）しか読めなかったが、九七、八年にはじめて、その全訳が全五冊（岩波書店）で出て、日本人も全文を読めるようになった。

これによって、日本では初期自然哲学者たちについてはじめて本格的に語れるようになったといってよい。タレス以下の、ミレトスの初期哲学者の人々が、「自然哲学者」と呼ばれたのは、彼らがあくまで目の前の自然に対する驚異の気持を持って、この自然の大もとにある原理は何なのかということを考えつづけたからである。

そういう態度でものを考えた自然哲学者は、そのマインドからいって、今日の自然科学者に近い人々だったといってよい。

アリストテレス以後の思弁哲学者たちは、自然そのものを哲学的考察の対象とすることをやめて、観念遊戯の世界を、主たる考察の対象とするようになってしまう。—

—アリストテレスからそのような転換が顕著にはじまっているが、実はアリストテレス自身は、まだ相当に自然哲学者的部分を残していた。アリストテレス全集のほぼ半分の八巻が、自然哲学的部分からなっていて、その考察の対象は、宇宙論、地球科学論（気象学、火山論…など）、生物科学論（動物誌、動物行動学、発生学…など）、人体生理学（病因論、性交論まである）、感覚論などまで広がっている。

そのような幅の広さが、アリストテレス以後の哲学者からは急速に脱け落ちてしまって、それから二千数百年にわたって哲学は、脱自然哲学してしまうのである。自然から離れることで、哲学は最も大切な学びのモチベーションを失い、学として知的に堕落してしまったといえるだろう。アリストテレスは、『形而上学』において、「哲学する＝知を愛する」上で何より大切なのは、自然を目の前においたときに驚異することだと述べているが、それが消えてしまったのである。

「けだし、驚異することによって人間は、今日でもそうであるがあの最初の場合にもあるように、知恵を愛求し（哲学し）始めたのである。ただしその初めには、ごく身近の不思議な事柄に驚異の念をいだき、それからしだいに少しずつ進んで遥かに大きな事象についても疑念をいだくようになったのである。たとえば、月の受ける諸相だの太陽や星の諸態だのについて、あるいはまた全宇宙の生成について」（出隆訳）

ここにアリストテレスが書いているような、自然の驚異を驚異と受けとめそれについて語ることができる哲学者は、アリストテレス以後、今日までいなくなってしまったのである。

初期哲学の時代の自然哲学者以後、哲学者のほとんどは、知的に堕落してしまったといっていいと思う。

初期自然哲学者の言説が、「万物のもとは水」とか「万物のもとは空気」などといった、一見あまりに非科学的な内容を含むものであったために、彼らは科学者であったなどというと、抵抗を感じる向きもあるかもしれない。しかし、実は同時代においては、タレスは哲学者というより、真正のサイエンティストとして知られていたのである。ミレトスの町にはタレスの像が建てられていたが、その台座には、

「これなるタレスをイオニアの町ミレトスは養い育てて世に高く示せり。すべての天文学者のなかでも知恵において最も先んじたるこの人を」

と彫られていた。この銘文でわかるように、生前のタレスはミレトスの人たちに天文学者として知られていたのである。タレスの評価の高さも天文学者としての業績からきていた。その業績を具体的に知ると、なるほど彼が科学者であったということがすぐにわかるのだが、そういうことは普通の哲学史の本には全く書かれていない。普

通の哲学史の本では、あいかわらず、「タレスは万物のもとは水であるといった」としか出てこない。

タレスの科学者としての業績をここに少しあげておくと、次のようなことがならぶ。たとえば、船を航海させるときは、夜、北斗七星（大熊座）を見つけて、これが常に北の方位を示していることを覚えておけば方角を見失うことはないということと、その北斗七星の見つけ方が、彼のいちばん有名な著作『航海用天文学』に書かれている。この発見は、ミレトスで誰一人知らぬ人のいないほどの発見で、この一事だけでも、タレスは大変な尊敬を受けていた。それというのも、ミレトスが国際的な通商港湾都市で、この町の住人は多かれ少なかれ航海と通商にかかわっていたからである。「万物のもとは水である」という相当怪しげな命題の唱道者がタレスであったというだけでは、なぜ彼がそれほどの尊敬をミレトスの住人たちから受けていたのかわからないだろうが、これなら納得がいくだろう。

タレスが発見したのはそれだけではない。綿密な天文学的観測を継続的に行ない、太陽軌道（黄道）が傾いており（地軸が傾いていることの反映）、その傾きが毎日少しずつ変化しており、一年たつと元に戻るという太陽回帰現象を発見したのもタレスなら、昼夜の長さが等しくなる春分の日と秋分の日がその太陽回帰現象からどのように説明できるかを明らかにしたのもタレスだった。一年を三六五日に分けたのも、一年を四季に分けたのもタレスだったといわれる。

先に紹介した、ミレトス学派のアナクシマンドロスは、基本的にはこのような天文学者としてのタレスの弟子であり、太陽の運行を継続的に観測して、ただいま現在が太陽回帰のどのあたりなのかを平盤の上に立てた一本の針から判定できる垂針盤（グノーモーン）なるものを発明したといわれる。

タレスはまた、幾何学上の重要な発見もいくつかしている。たとえば、二つの線分が形成する対頂角は等しいという定理を発見したのもタレスなら、一辺とその両端の角が等しい三角形は合同であるという三角形合同の条件を発見したのもタレスだった（この合同の条件を使うと、遠く離れた船までの距離を、陸上での実測可能な距離におきかえて測定することがたやすくできた。これまた応用による利便がきわめて大きい発見で、ミレトスの人々から高い評価を受けた）。

また、彼は円が直径によって必ず二等分されることを発見し、さらに円の中に、直径を底辺とする三角形を描くと、その頂角が必ず直角になることを発見した。

また彼は鉄を磁石で引きつけたり、琥珀（こはく）をこすってものを引きつけたりする実験を行ない、磁力現象、静電現象を発見した。

これは世界ではじめて行なわれた電気の力を示す実験であり、後に、電磁気学の父といわれた十六世紀イギリスのウィリアム・ギルバートは、この実験に敬意を表して、「電気」にギリシア語の琥珀（エレクトロン）にちなんで「エレクトリック」の名を与えた。

タレスはこの他に、日食をはじめて予言した人としても有名である。日食は月が太陽をおおうことによって起こるとしたのもタレスなら、月は太陽によって照らされて輝くだけで、自ら輝いているわけではないとしたのもタレスである。また太陽の大きさが太陽の周回軌道の七二〇分の一であることを計算によって明らかにしてその計算結果を大変誇りにしていたといわれる。

タレスが予言した日食でいちばん有名なのは、紀元前五八五年のものである（この予言は、ちょっとした世界史年表には必ず出ている）。それは、当時のオリエント世界の二大覇者であったリディアとメディアが戦争をしている最中に起きた。ヘロドトスは『歴史』で、そのときのことを次のように書いている。

「リュディア（リディア）とメディアの間に戦争が起こり五年に及んだが、この間勝敗はしばしば処（ところ）をかえた。ある時などは一種の夜戦を戦ったこともあった。戦争は互角に進んで六年目に入った時のことである。ある合戦の折、戦いさなかに突然真昼から夜になってしまったのである。この時の日の転換は、ミレトスのタレスが、現にその転換の起こった年まで正確に挙げてイオニアの人々に予言していたことであった。リュディア、メディア両軍とも、昼が夜に変わったのを見ると戦いをやめ、双方ともいやが上に和平を急ぐ気持になったのである」（松本千秋訳）

日食はこのように、戦争をやめさせるほどのパワーを発揮する異常現象だったから、それを予言したタレスの名声は大いにあがった。

ヘロドトスはまた、リディア王国がペルシア帝国と戦争をしたとき、タレスがリディアのクロイソス王のためにひと働きしたことを次のように記している。

「クロイソスはハリュス河畔に達し、軍を渡河させたが、（略）ギリシアで広く語られている話によれば、渡河はミレトスのタレスの力によってなしとげられたという。その話では、当時はまだそのような橋がなかったので、どうして軍隊を渡河させすべきかとクロイソスが困惑していたところ、陣営にい合わせたタレスがクロイソスのために、軍の左手を流れていた河を右手にも流れるようにしたという。そのやり方というのは、陣地の上手（かみて）から深い運河を掘り、これを半月形に誘導して、河水が本来の水路からそれて運河に流れこみ、陣地のある背面を通り、陣地を過ぎてから再びもとの水路に流入するようにした。その結果河は二分され、たちまち両方とも徒渉（としょう）できるよう

になった。もとの水路がすっかり涸れ上ってしまったという話さえある」（同前）

このエピソードは、タレスが科学者であったばかりか、すぐれたエンジニア（土木工学者）でもあったことを示している。また彼はすぐれた農学者・経済学者でもあり、ある年、もろもろの観察から今年のオリーブは大豊作になるにちがいないと見きわめをつけると、収穫期のずっと以前に、ミレトスにあった貸し出し可能な油しぼり機を全部予約金を払って借りてしまった。収穫期が来ると、油しぼり機が払底したので、タレスは、プレミ

「アレクサンドロス大王のサルコファガス」。マケドニアとペルシアの戦闘場面

アムを取って油しぼり機を再貸し出しすることによって大儲けしたという。もっともタレスは、これは哲学者でも金儲けをしようと思えばいつでもできるのだということを示すためにやったまでのことだといい、二度と同じことはしなかったという。

この他、タレスの述べた哲学的言明というか、当時の人々によく知られていた箴言（しんげん）的言明として、次のようなものがあったと、ディオゲネス・ラエルティオスは『ギリシア哲学者列伝』（加来彰俊訳）で書いている。

「およそ存在するもののなかで、
最も年古（としふ）りたるものは神なり、神は生まれざりしものなるがゆえに。
最も美しきものは宇宙なり、神の作りしものなるがゆえに。
最も大なるものは空間なり、あらゆるものを包含するがゆえに。
最も速きものは知性（心）なり、あらゆるものを貫き走るがゆえに。
最も強きものは必然なり、あらゆるものを支配するがゆえに。
最も賢きものは時なり、あらゆるものを明るみに出すがゆえに」

タレスはすぐれた外交家でもあった。先に述べたように、ミレトスのすぐ隣にはリディアという強国があった。ミレトスはこの国と経済的にも深いつながりがあり、いつも良好な関係を保っておかねばならなかった。タレスがリディアのためにひと働きしたのもそういう背景があってのことだった。

しかし先のエピソードのあと、リディアはペルシアに攻め滅ぼされ、オリエント一帯はペルシア帝国が圧倒的なパワーをもって支配するようになった。ミレトスは今度はペルシアと良好な関係を保たねばならなくなった。

小アジアのミレトスがあった地方はイオニア地方と呼ばれ、昔からギリシアの植民市（植民都市国家）が沢山あったところで、それもアテネの植民市が多かった（ミレトスももともとはアテネの植民市だった）。タレスのころには、イオニアに一二の植民都市国家があり、それらの国は前からリディアなどの強国に対処するため、イオニア都市国家連合を作って、ことあるごとに一体となって行動していた。

ペルシアがリディアを滅ぼして（紀元前五四六年）以降、ペルシアはさらに勢力圏を広げようとして、イオニア都市国家連合を強く圧迫してきた。イオニア都市国家連合はその圧迫に抗しかね、ついに結束して反乱を起こした（紀元前五〇〇～前四九三年）。しかしその企ては実らず、七年間に及ぶ反乱戦争を経てイオニア都市国家連合全体がペルシアによってひねりつぶされてしまうのだが、ミレトスだけはなかなかこの連合軍に加わらず、独自行動をとった。

それは、リディアが滅びる以前から、ペルシアとミレトスの間だけで友好条約が結

ネレイデス・モニュメントの戦闘図のフリーズ。ネレイデス・モニュメントというのはギリシア式神殿を模した墓廟で、リディアの都クサントスの権力者のものであったと思われる。その基壇を飾っていた一部（大英博物館）

ばれていたからなのである。ペルシアはリディアと戦争を起こす前に、そのあたりの周辺国家を合従連衡（がっしょうれんこう）で手なずけようとした。ターゲットはイオニアの諸都市国家で、なかんずくその中の最強国ミレトスだった。

ミレトスはイオニア諸国の中で、群を抜く強大国だった。先に述べたように、ミレトスは最初アテネの植民地として生まれたのに、みるみるうちに、経済的にも軍事的にも、アテネを凌駕（りょうが）するような強大国となっていた。ペルシアにとってこの国を味方につけるかどうかは地政学上の大問題だった。

そこでペルシアは、リディアとの戦争を起こす前にミレトスに平和友好条約を提案してきたのである。ミレトス国内では、ペルシアと友好条約を結ぶべきか否かで国をあげての大論争がまき起こった。そのとき、タレスがペルシアと結ぶべしの側に立って、説得力あふれる大演説を行なったので、条約が結ばれた。

そのころペルシアは他の都市国家にも同様の条約を結ぶことを提案したが、他の都市国家は、まだリディアが近隣の強国として健在だったこともあり、その話にのらなかった。そこで、それらの都市国家は、リディア崩壊後、ペルシアからの圧迫をさらに強く受け、存亡の危機にさらされた。

しかし、ミレトスだけは条約があったおかげで、圧迫を受けず、しばらく独自の繁栄を保つことができたのである。そういう意味でも、タレスはミレトス市民の感謝を受ける立場にあり、死んだ後に、銅像まで立てられたのである。

ミレトスがペルシアからの圧迫に耐えかねて、ついに友好条約を破ってイオニア都市国家連合の反乱の側に組し、結局ペルシアに滅ぼされてしまうのは、タレスの没後約半世紀を経てのことだが、その滅亡の様子を、ヘロドトスは次のように描いている。

イオニア都市国家連合の中では、ミレトスが圧倒的な大国であったから、反乱軍に加わってからその中心になったのはミレトスであり、ペルシア軍の攻撃もミレトスに集中した。

「ミレトスには海陸からの大軍が迫っていた。ペルシア軍の諸将が合流して共同戦線を張り、ミレトス以外の諸都市は二の次にして、ひたすらミレトスに向かって進撃していたのである。海軍のうち最も戦意盛んであったのはフェニキア人であったが、彼らとともに最近征服されたキュプロスからの派遣軍やキリキア人、さらにはエジプト人も攻撃に加わった」

「やがて船の装備を終えてイオニア軍は集結したが、アイオリス人のうちレスボス島の住民も彼らに加わった。その陣形は次のようであった。東翼はミレトス人自ら八〇隻の船を繰り出してこれを占め、これにプリエネ人の一二隻、ミュウス人の三隻がつ

◀イヴィロン修道院のカトリコンの壁画。天使軍と悪魔軍の最終決戦（アトス）

づき、ミュウス軍の次にはテオス軍一七隻、テオス軍にはキオスの一〇〇隻がつづいて布陣した。さらにエリュトライとポカイア軍が、それぞれ八隻および三隻の船をもって陣を構え、ポカイア軍にはレスボス軍の七〇隻がつづき、最後にサモス人が六〇隻の艦船を擁して西翼を占めた。これら艦船の総数は三五三隻であった。

　右のようなイオニア軍の陣容に対して、ペルシア軍の船数は六〇〇隻であった」

三五〇隻対六〇〇隻であるから、大海戦である。紀元前五〇〇年～前四七九年にかけて地中海の覇権をめぐってギリシアとペルシアが正面衝突した長期大戦争としてペルシア戦争があった。マラトンの戦、テルモピレーの戦、サラミスの海戦などがその一環であったことはよく知られているが、実はこのイオニア都市国家連合軍対ペルシア軍の衝突は、このペルシア戦争全体のはしりの部分なのである。

　ペルシア戦争はいってみれば古代世界の覇権をかけた世界大戦だった。先の引用にあったように、ペルシア側には他に四カ国が加わり、イオニア側には一一カ国が加わっていた。しかし、詳しくは経緯を述べないが、イオニア連合軍の側は内部に裏切り、内通者が出たこともあって、海戦に負け、ミレトスは陥落する。そのさまをヘロドトスはこう書いた。

「ペルシア軍は右の海戦でイオニア軍を破るや、海陸両面からミレトスを包囲し、城

壁を掘りくずし、またあらゆる攻城用の兵器を駆使して攻め立て、アリスタゴラスの反乱以来六年目にとうとう完全にミレトスを攻略した。ペルシア軍は全市民を奴隷にしたが、かくして奇しくもこの受難はかつてミレトスに下された神託と符合することになったのである。

「ミレトスに下された神託というのは次のとおりである」

この時こそミレトスよ、汝(なんじ)数々の悪業を企むもの、

汝は多くのものの餌食(えじき)となり、よき引出物ともされようぞ。

また汝の妻女らは、あまたの長髪族の足をすすがしめられ、ディデュマなるわが宮居は、異国びとの手にゆだねられようぞ。

正にこの神託に告げられたとおりのことが、当時ミレトス人の身にふりかかったわけで、大部分の男子は長髪をたくわえるペルシア人の手にかかって殺されるし、女子供は奴隷の境遇におとされ、ディデュマの聖域は神殿も託宣所も掠奪と放火を蒙ったのである」

時のミレトスの指導者は、その場で胴体は磔刑（はりつけ）にされ、首は塩漬けにして、スーサのダレイオス王の下へ送られた。ミレトスの国土は、すべてペルシアのものにされた。ミレトス側に立ったイオニア諸国も徹底的な掃蕩作戦で、男は殺され、女は奴隷にされ、各都市は焼き払われた。男の中で選び抜かれた美貌の少年は、去勢され、器量のすぐれた娘たちとともにペルシアの宮廷に送られた。

要するに、私がミレトスで見た荒涼たる風景は、その時代の世界大戦に敗北して滅亡したかつての超大国が、敵国に蹂躙され、徹底した破壊を受けたあとの荒廃の風景だったのである。いってみれば、一九四五年の日本全土に広がっていた焼け跡風景の古代版だったのである。

ヘロドトスの『歴史』の他の部分も読んでいくと、我々がもう完全に記憶を失ってしまった古い古い時代から、世界大戦は何度も戦われ、そのたびに時の大国、超大国が滅亡し、繁栄と栄華の跡が烏有に帰してしまうということのくり返しであったことがわかる。

そして、ヘロドトスの『歴史』も、記述された歴史の一部にすぎず、その向こう側には気が遠くなるほど大きな歴史が記述されずに横たわっていることを思うと、記録されなかった歴史、誰の記憶にも残らなかった歴史こそ、最も正統な歴史だったのではないかとあらためて思わざるを得ない。

そして、それらの滅亡の一つひとつにおいて、そのときそこで滅亡してしまった人々にとっては、それがまさに終末論的世界の終わりそのものであったにちがいないということに思いいたると、アポカリプス的世界の終わりもまた、遠い未来に一回限り起こるというものではなく、それまたすでに過去に何度もくり返し起きたことがまた起きるということなのかもしれないという気がしてくる。

まことに時は円環状に流れ、世界は永遠に回帰しつづけるものなのかもしれない。

あるいは時は、螺旋状（らせんじょう）に流れ、世界はある高みに向かって（テイヤール・ド・シャルダンのいうオメガ・ポイントに向かって）上昇しつづけるものなのかもしれない。

偉大なるパーンは死せり
されど
神々は永遠に回帰せんとす
然(しか)り
人の子もまた然(しか)ならんとす

文庫版あとがき

　本書は、『思索紀行』（ちくま文庫近刊）の序論「世界の認識は「旅」に始まる」に出てくる、「果たされていない約束」を果たすために二〇年がかりで作られた本である。ここで、それがどのような約束であり、なぜ果たされなかったのか、その間の事情を簡単に書いておきたい。

　一九八三年、私は、「月刊プレイボーイ」（五～八月号）に「レンタカー・オデュッセイ八〇〇〇キロ」というタイトルの連載記事を書いた。

　この年のはじめ、ロッキード裁判丸紅ルートで田中角栄被告に対する論告と求刑（懲役五年）が行なわれた。初公判（七七年）以来、六年間にわたってつづいた田中裁判がようやく結審したわけで、そのあと五月に予定された弁護側最終弁論まで、裁判は休みになった。

　その間を利用して書いたのが、この連載である。そこに書かれた旅自体は、前年（八二年）の夏の終りから秋にかけてなされていた。

この時期はそのようにして、大きな仕事は田中裁判の休みの間に取材をし、その後時間をかけて雑誌に連載するという形をとっていた。八一年から翌年にかけ、同じようにして書いたのが『宇宙からの帰還』(中央公論社)である。大きなストレスだった田中裁判の傍聴から離れ、遠く宇宙や古代世界に自らを解き放つ仕事は実に楽しかった。その意味で本書は『宇宙からの帰還』の姉妹篇といってよい。

七四年の「田中角栄研究」からかぞえると、足かけ十年がかりの仕事からやっと解放される日が見えてきたことで、ホッと一息ついたところに、「月刊プレイボーイ」誌から、長年の仕事の慰労かたがた、世界中どこでも、好きなところへ行って、好きなことを思いっきり連載で書くという仕事を受けてくれませんかという申し出があった。

「月刊プレイボーイ」誌とは、七七年に「プレイボーイ・インタビュー」を受けてから付き合いがはじまり、何度か単発の短い文章を寄稿する(ロッキード裁判について書いたこともある)程度の関係がつづいていた。そういう付き合いのなかで、何人かの編集者となんとなく親しい関係ができあがっていたので、こういう願ってもない申し出が来たのである。

「月刊プレイボーイ」という雑誌の性格から、この仕事は、カメラマンといっしょに旅をして、ビジュアルな構成のページを作るという仕立てになっていた。

組むことになったカメラマンは、その頃写真週刊誌「フォーカス」で次々に鋭いスクープ写真を飛ばしていた俊鋭カメラマン、須田慎太郎だった。企画段階で私が頭の中に描いていたのは、ギリシア、トルコの遺跡をめぐる旅だったから、切った張ったの仕事が多い写真週刊誌の仕事とは相当ちがったものになることが確実だった。須田の仕事を十分知らなかったので、事前に、須田の写真をたっぷり見せてもらい、話し合いもたっぷりした。すると、もともと、須田が三木淳に師事した本格派のカメラマンで、あらゆる意味でものを見る目がしっかりある、いわゆるパパラッチとは本質的にちがう男とわかったので、喜んで組むことにした。

なぜギリシア、トルコの遺跡かというと、実は、七四年に「田中角栄研究」を書く直前まで、私はどちらかというとそういう世界を旅してまわることに熱中していたのである（そのあたりのことは『思索紀行』にかなり詳しく書いた）。

だから、「田中角栄研究」「ロッキード事件」「ロッキード裁判」と休みなくつづいた一連の政治もの、社会ものの仕事をする中で、いつも、この仕事が一段落したら、またあの世界に戻りたいと思っていた世界だった。

つまりこの仕事は、私にしてみれば、新しい世界に踏み出しての仕事というより、昔なじみの世界に戻っての仕事というニュアンスが強かった。

この企画は、最初から雑誌連載を終えたらすぐに単行本にまとめる予定で始められた。本は写真と文章が半々のビジュアルな作りにする予定だったから、須田慎太郎は七千枚もの写真を撮った。

ところが、内容的には旅が完結しないうちに連載は終ってしまい、単行本にする作業も途中で休止したままになってしまった。

そうなった直接のきっかけは、一審の有罪判決で一段落と思っていたロッキード裁判関係の仕事が、一段落するどころか、田中側の反撃がつづいたことで、それからますます忙しくなり（結局八六年までつづいた）、ほとんど殺人的スケジュールになっていく中で、この連載を本に仕上げるための時間が十分にとれなくなったことである。

もうひとつの休止した理由は、書くほどに書くべき内容がとめどなくふくれあがっていき、頭の中が収拾がつかないような状態になってしまったことである。

本文を読んでいただくとわかるが、この旅で行った先の地はいたるところ、歴史が詰まっていて、文化の古層が幾重にも累積しているため、それをちょっとひもときはじめると、容易なことではまとまりがつかなくなってしまうのである。

連載を中断したときは、ここらで一息いれたほうがむしろ構成しやすくなると思っていた。ところがこういう仕事は、いちど休止してしまうと、ポテンシャルエネルギーが落ちて、なかなか再起動できなくなる。これまでにも、何度か再起動の試みはしたのだが、そのたびに、まとまった時間がとれずにまた再休止ということが何度も繰り返されてきた。

それがうまくいかなかった主要な原因は、テキスト部分に相当な加筆をしないと、本一冊分にならないという先入観にとらわれ、いざ加筆をはじめると、それがとめどなくふくれあがって、本一冊分ではとてもおさまりがつかなくなってしまうということにあった。

それがこのたび、このようなほどよいサイズの本に結実することができたきっかけは、この本を編集した緑慎也氏の卓抜なアイデアによるところが大きい。

実はかつて（八六年六月）、須田慎太郎がこの本がなかなかできないことに業を煮やして、富士フォトサロンで「エーゲ永遠回帰の海」というタイトルで、この旅で撮った写真を主体とする個展を開いたことがある。

そのプログラムに私が書いた長めの文章があり、そこにこの旅行記で私が書こうとしていたことのエッセンスが盛りこまれていた。その一節一節を、この個展で展示されたたっぷりの写真とともに再構成してみると（本書の冒頭のフルカラー「序章」部分にあたる）、それが非常に完成度が高い一つの独特の作品になるということを緑氏がDTPの技術を駆使して示してくれたのである。

それがなかなかよかったので、この延長線上に本作りをしようということになった。つまり、個展「永遠回帰の海」とその解説文をベースに据えて全体を構成し直すということである。そういう方向に発想を切り替えると、構成写真の側からも、テキストの側からも、大枠がピタリとおさえられて、これまでこの企画の最大の障壁になっていた、全体がとめどなく広がっていって、まとまりがつかなくなるというトレンドを押さえこむことができたのである。

そこまできて気がついてみると、これまでに何度も繰り返してきた再起動と再中断の試みの中で、コンテンツそれ自体は不定形の広がりをもってすでにそこに存在していたのである。あとの作業は、いわば、固められたコンセプトに従って、茫洋（ぼうよう）と広がっていた不定形のものに、形を与えることだったといってよい。

本ができていくに従って、須田慎太郎はかつて撮った写真七千点だけでは、もうひとつ心に不満を感じるところがあるといって、個人の費用で、シチリア島に行き、セリヌンテの写真を撮り足すことまでしている。その他もろもろ、この本は多くの関係者がコスト無視の協力をしてくれてやっと作りあげた本である。

＊

多年にわたって、本を書く仕事をしてきたが、本書は、自分が書いた本の中でいちばん気に入っている本である。先日読み直してみて、よくぞこれだけの連載をこの年齢（四十三歳）でしたものだと思った。しかし、考えてみると、それは第一稿にすぎず、それから、それを完成稿するまでに二二年かかったという言い方もできる。別の言い方をするなら、連載を終えてから、それを完成稿にするために、ほぼ半生を私はかけたことになる。それだけの中身がここにつまっているともいえるし、まだまだ足りないような気もする。

見えた
何が
永遠が

といま本当にいえるのだろうか、と自問しつつ私は本書をここに手放そうとしている。

＊本書は、二〇〇五年一一月一日、書籍情報社から刊行されました。

ときの一コマ

36-37頁　ティラ遺跡（サントリーニ島）

38-39頁　静まり返った山中に残るテルメッソスの劇場跡（トルコ・パンフリア地方）

40-41頁　トロイ戦争を逃れてきた予言者カルカスとモブソスによって造られたという伝説をもつアスペンドス。その町の住人の生命線であった水道橋跡（パンフリア地方）

42-43頁　ペルガモンに残るゼウス大祭壇の基壇（ミュシア地方）

44-45頁　ラムセス2世葬祭殿（ラムセウム）。地面の上の首はラムセス2世像の首（エジプト・ルクソール）

46-47頁　アダムとイブを黄泉（よみ）の国から救おうとしているイエス・キリスト（トルコ・イスタンブールのカーリエ博物館）

48-49頁　アトスのイヴィロン修道院のカトリコン（教会堂）。その堂内天井画

50-51頁　アイザノイのゼウス神殿（トルコ・フリギア地方）

52頁　サモトラケのニケ像（ルーブル美術館）

53頁　ヘラクレスの活躍が彫られたサルコファガス（トルコ・コンヤ考古学博物館）

54頁　（上）サイドカーに家族6人を乗せて突っ走る。パタラ遺跡の近くにて

（下）トルコのリキア地方で出会った羊飼いの兄妹

55頁　（上）ギリシアのアクロコリントスに行く途中、立ち寄った村のレストラン

（下）トルコのアナトリア地方のトマト畑で働く少女

56-57頁　ペルガモンのゼウス大祭壇のレリーフ。オリュンポスの神々と巨人たちとの戦いを描いている（ドイツ・ペルガモン博物館）

58-59頁　エフェソスのアルテミス神像（トルコ・エフェソス博物館）

60-61頁　アテネ考古学博物館の「アンティキティラの若者」の像の前にて

62-63頁　ブルーモスクの愛称で親しまれているスルタンアフメット・ジャミィ。礼拝が行なわれていた（イスタンブール）

64-65頁　カリア地方の村で少年の割礼（ペニスの包皮を切り取ること）を祝う行列に出会った

66-67頁　ヒエラポリスのネクロポリス。サルコファガスが沈む夕陽に浮かび上がる（フリギア地方）

68-69頁　サルコファガスのレリーフの一部（イスタンブール考古学博物館）

70-71頁　アフィヨンへ向かう途中、羊の群れが道を横断した（トルコ）

72-73頁　トロイからチャナッカレへ向かう道路の両側には延々とヒマワリが咲いていた（トルコ）

74-75頁　エーゲ海

76-77頁　アトスの朝焼け

78-79頁　エーゲ海に沈む太陽（サントリーニ島）

【初出一覧】

序章……………富士フォトサロンにおける須田慎太郎写真展「エーゲ永遠回帰の海」(1986年6月開催)のパンフレット

第1章－第4章……「レンタカー・オデュッセイ8000キロ」(集英社「月刊プレイボーイ」1983年5－8月号)

終章……………書き下ろし

【図版キャプション(扉・序章)】

●扉

4-5頁　(目次)ヨハネが黙示録の啓示を受けたときにできたとされる岩の裂け目。パトモス島

7頁　(序章扉)　夕陽を照り返すアトスの海(ギリシア)

83頁　(第1章扉)　アトス山を背景に断崖に建つ修道士の庵。四角の塔は侵入者に備えた望楼の跡

115頁　(第2章扉)　トカゲを殺すアポロン(ルーブル美術館)

151頁　(第3章扉)　ロードスのアフロディテ(ロードス考古学博物館)

187頁　(第4章扉)　サルコファガスのレリーフの一部(トルコ・イズミール考古学博物館)

227頁　(終章扉)　イスタンブール旧市街の地下貯水池イエレバタン・サルヌジュにあるメドゥーサの巨大な頭部

●序章

8-9頁　セリヌンテのC神殿(イタリア・シチリア島)

10-11頁　アテネのアクロポリス南側にある野外劇場で上演されたギリシア悲劇。エウリピデスの「アンドロマケ」

12-13頁　デルフィの入口に建てられていたトロスという円形の建造物(ギリシア)

14-15頁　ペルゲの劇場跡に残るレリーフ。ディオニュソス神話の一場面(パンフリア地方)

16頁　聖墳墓教会にあるイエス・キリストの墓(イスラエル・エルサレム)

17頁　イエス・キリストが十字架刑に処せられた場所(聖墳墓教会)

18-19頁　トルコの中央高原地帯。アフィヨンからアイザノイへ

20-21頁　ディディマにあるアポロン神殿入口の柱の上に飾られていたメドゥーサの首

22-23頁　白い建物が断崖絶壁にならぶ(ギリシア・サントリーニ島)

24-25頁　切り立ったミュカレ山を背後に立つプリエネのアテナ神殿(トルコ・イオニア地方)

26-27頁　砂に埋もれゆくパタラ遺跡(トルコ・リキア地方)

28-29頁　ペルゲの列柱道路。北にあるアクロポリスの麓まで延びている

30-31頁　セリヌンテのE神殿(イタリア・シチリア島)

32-33頁　トルコ語で「綿の城」という意味のパムッカレ。山の斜面から流れ出る温泉の石灰分が、長い年月をかけて石灰華壇を形成した

34-35頁　たまたまギリシア正教の僧侶たちが、アテネのパルテノン神殿に観光見物で立ち寄った

ちくま文庫

エーゲ　永遠回帰の海

二〇二〇年一月十日　第一刷発行
二〇二三年四月五日　第五刷発行

著　者　立花　隆（たちばな・たかし）
写　真　須田　慎太郎（すだ・しんたろう）
発行者　喜入冬子
発行所　株式会社　筑摩書房
東京都台東区蔵前二―五―三　〒一一一―八七五五
電話番号　〇三―五六八七―二六〇一（代表）
装幀者　安野光雅
印刷所　凸版印刷株式会社
製本所　凸版印刷株式会社

ISBN978-4-480-43642-9　C0120